陈平原 主编

书系

长治与久安

周振鹤 ◎ 著

复旦大学出版社

出版说明

本丛书原为陈平原先生应香港三联之约编就,并于2008年起在香港陆续出版繁体字版,反响颇佳。因为发行等方面的限制,丛书少为内地读者所见,实在是一个不小的缺憾。蒙香港三联授权,我社于2010年起陆续推出简体字版,但愿对内地读书界是一种补偿。

陈平原先生曾为本丛书香港三联版撰有总序,略述丛书的编选宗旨和出版的因缘际会,无不精妙绝伦,读者诸君于丛书总序中可以品味。关于该丛书的编选,作为主编的陈平原先生认为,"与其兴师动众,组一个庞大的编委会,经由一番认真的提名与票选,得到一张左右支绌的'英雄谱',还不如老老实实承认,这既非学术史,也不是排行榜,只是一个兴趣广泛的读书人,以他的眼光、趣味与人脉,勾勒出来的'当代中国人文学'的某一侧影。若天遂人愿,旧雨新知不断加盟,衣食父母继续捧场,丛书能延续较长一段时间,我相信,这一'图景'会日渐完善"。

于今,陈先生的宏愿,经由我们的"加盟"和内地读者的捧场,可以说已部分得以实现;无论如何,为中国学术的繁荣做点传薪的工作,也是复旦出版人的志趣所在。

复旦大学出版社

总序

老北大有门课程，专教"学术文"。在设计者心目中，同属文章，可以是天马行空的"文艺文"，也可以是步步为营的"学术文"，各有其规矩，也各有其韵味。所有的"满腹经纶"，一旦落在纸上，就可能或已经是"另一种文章"了。记得章学诚说过："夫史所载者，事也；事必藉文而传，故良史莫不工文。"我略加发挥：不仅"良史"，所有治人文学的，大概都应该工于文。

我想象中的人文学，必须是学问中有"人"——喜怒哀乐，感慨情怀，以及特定时刻的个人心境等，都制约着我们对课题的选择以及研究的推进；另外，学问中还要有"文"——起码要努力跨越世人所理解的"学问"与"文章"之间的巨大鸿沟。胡适曾提及清人崔述读书从韩柳文入手，最后成为一代学者；而历史学家钱穆，早年也花了很大功夫学习韩愈文章。有此"童子功"的学者，对历史资料的解读会别有会心，更不要说对自己文章的刻意经营了。当然，学问千差万别，文章更是无一定之规，今人著述，尽可别立新宗，不见得非追韩摹柳不可。

钱穆曾提醒学生余英时："鄙意论学文字极宜着意修饰。"我相信，此乃老一辈学者的共同追求。不仅思虑"说什么"，还在斟酌"怎么说"，故其著书立说，"学问"

之外，还有"文章"。当然，这里所说的"文章"，并非满纸"落霞秋水"，而是追求布局合理、笔墨简洁，论证严密；行有余力，方才不动声色地来点"高难度操作表演"。

与当今中国学界之极力推崇"专著"不同，我欣赏精彩的单篇论文；就连自家买书，也都更看好篇幅不长的专题文集，而不是叠床架屋的高头讲章。前年撰一《怀念"小书"》的短文，提及"现在的学术书，之所以越写越厚，有的是专业论述的需要，但很大一部分是因为缺乏必要的剪裁，以众多陈陈相因的史料或套语来充数"。外行人以为，书写得那么厚，必定是下了很大功夫。其实，有时并非功夫深，而是不够自信，不敢单刀赴会，什么都来一点，以示全面；如此不分青红皂白，眉毛胡子一把抓，才把书弄得那么臃肿。只是风气已然形成，身为专家学者，没有四五十万字，似乎不好意思出手了。

类似的抱怨，我在好多场合及文章中提及，也招来一些掌声或讥讽。那天港岛聚会，跟香港三联书店总编辑陈翠玲偶然谈起，没想到她当场拍板，要求我"坐而言，起而行"，替他们主编一套"小而可贵"的丛书。为何对方反应如此神速？原来香港三联书店向有出版大师、名家"小作"的传统，他们现正想为书店创立60周年再筹划一套此类丛书，而我竟自己撞到枪口上来了。

记得周作人的《中国新文学的源流》1932年出版，也就五万字左右，钱锺书对周书有所批评，但还是承认："这是一本小而可贵的书，正如一切的好书一样，它不仅给读者以有系统的事实，而且能引起读者许多反想。"称周书"有系统"，实在有点勉强；但要说引起"许多反想"，那倒是真的——时至今日，此书还在被人阅读、批评、引证。像这样"小而可贵""能引起读者许多反想"的书，现在越来越少。既然如此，何不尝试一下？

早年醉心散文、后以民间文学研究著称的钟敬文，晚年有一妙语："我从十二三岁起就乱写文章，今年快百岁了，写了一辈子，到现在你问我有几篇可以算作论文，我看也就是有三五篇，可能就三篇吧。"如此自嘲，是在提醒那些在"量化指标"驱赶下拼命赶工的现代学者，悠着点，慢工方能出细活。我则从另一个角度解读：或许，对于一个成熟的学者来说，三五篇代表性论文，确能体现其学术上的志趣与风貌；而对于读者来说，经由十万字左右的文章，进入某一专业课题，看高手如何"翻云覆雨"，也是一种乐趣。

与其兴师动众，组一个庞大的编委会，经由一番认真的提名与票选，得到一张左右支绌的"英雄谱"，还不如老老实实承认，这既非学术史，也不是排行榜，只是一个兴趣广泛的读书人，以他的眼光、趣味与人脉，勾勒出来的"当代中国人文学"的某一侧影。若天遂人愿，旧雨新知不断加盟，衣食父母继续捧场，丛书能延续较长一段时间，我相信，这一"图景"会日渐完善的。

最后，有三点技术性的说明：第一，作者不限东西南北，只求以汉语写作；第二，学科不论古今中外，目前仅限于人文学；第三，不敢有年龄歧视，但以中年为主——考虑到中国大陆的历史原因，选择改革开放后进入大学或研究院者。这三点，也是为了配合出版机构的宏愿。

陈平原

2008 年 5 月 2 日

于香港中文大学客舍

目录

前言 / 1

中国历史上中央地方关系变迁概说 / 1
县制起源三阶段说 / 29
从汉代"部"的概念释县乡亭里制度 / 49
《圣谕》《圣谕广训》及其相关文化现象 / 65

作者简介 / 162
著述年表 / 163

前言

　　历来的统治者都追求长治久安的目标,自中国历史上的第一个皇帝开始,即思万世延续的统治,但结果二世而亡。后来者自然要吸取教训,虽不能万世,也要尽量能够长期延续一姓的统治。不过结果总是与人的愿望不一致,唐代最长也不足300年,其中大半的时间里实际上已经不是完整的帝国,而有过所谓康乾盛世的清朝也不过只延续了280年不到。然而,就整个中华民族的体系而言,却在不断打破久安的情况下,总体上保持了长治的过程。这个长治的秘诀就在于制度的设计。

　　中国自秦朝以后实行的政治制度是皇权专制的中央集权制,也就是毛泽东所言的百代皆行秦政制。秦政制的基本特点是收地方之权力归中央,收中央之权力于一人。前一个特点可以说自秦代就基本完成了,其后只是在历史的反复中不断改善,而到宋朝以后则达于完善,于是除非是农民起义,地方政权从此不能再颠覆中央统治,国家再未出现过分裂局面。秦代所谓有叛人无叛将就是这个意思,但实际上真正做到这一点是在宋代以后。后一个特点则经过1000多年的完善,到明代初年宰相职位被撤销之后也基本完成,而后更进一步,到清代雍正年间连内阁的权力也被削去,最终达于"唯以一人治天下"的局面。本书的首篇文章《中国历史上中央地方关系变迁概说》,就是试图以最简短的文字总结一下2 000年来中央集权的基本过程，并对这一过程为何如此发生，做一点最简单的诠释。这篇文章的前提是我的两本专著，一是《中华文化通志·地方行政制度志》（后来以《中国地方行政制度史》为题重版），另一是《体国经野之道》。当然这篇文章里也有这两本书里所未提到的内容。

表面上看来，似乎制度的选择只是统治者个人的愿望而已，因为《史记》载秦始皇统一四海以后，接受李斯的意见，"分天下为三十六郡，郡置守、尉、监"，而不采取丞相王绾等大多数人分封子弟为诸侯的建议。更早的时候，战国时期秦国实行变法，秦孝公也是采纳商鞅的主张，集小乡聚为县，早就建立了一国之内的中央集权制度。秦国的置县方式与春秋战国之际赵、韩、魏三家瓜分原晋国另三家诸侯之田为县的做法有所不同，也与楚国灭小国为县的行为有异。但若究其实，中央集权制的选择不单只是主观愿望，也是一种客观趋势，一个小农经济社会必然要有一个与之相应的政治制度，这个制度最合适的是集权制而不是封建制。商鞅变法就是秦国的小农经济发展的典型，以顺应社会发展潮流方式由封建制改为集权制。待到秦统一海内之后，再将这种制度全面推行于天下而已。

郡县制的形成是中央集权形成的表征，也是这一制度形成的关键。从封建制到集权制是中国历史的一大变局，但奇怪的是关于中国历史的通史或专史著作无人对这一制度的形成过程有过详细的论证。郡县制形成于春秋战国之际，但无论是断代的春秋史还是战国史都没有详细论及其过程。大约因为这一过程既是自然而然的，又是文献不足征的，所以难于定论，即使有提及者，也是表面上似在谈郡县制的产生，实质上只是在讨论县与郡何时出现，甚至实质上只是在谈县与郡这两个字什么时候出现于载籍或器物上。然而，理解郡县制的产生过程实际上就是解开中央集权制何以产生的关键，必须予以重视。从历史上看来，集权制是自下而上产生的。先有最基层的政区县，这些县由国君亲自控制，而不像封建制那样实行委托统治，与县同时产生或稍后而有郡（按：目前对郡制的产生还不太明确，有待于今后考古资料的补充），于是封建形态的"天下—国—家"的三层分权组织就演变成了"天下（国家）—郡—县"一系的集权组织。但是如果具体而言，县究竟是如何产生的？为何县的产生就标志着集权社会的形成，这就是我在本书《县制起源三阶段说》一文里想要解决的问题。这篇文章的考证结果现在基本上为学术界所接受，但我自己认为，到目前为止，这个考证依然只是假说状态，希望能为将来的出土文献所证实。

县是基层的政区，县以下是乡、亭、里、聚等更小的行政基层组织，国家的行政末端基本上到县为止，县以下则并有行政与自治混合的性质。西汉一代很重视乡的自治作用，但由于资料不足，我们很难理解史籍当中出现的"十里一亭，十亭一乡"与"十里一乡"这两种表面看起来矛盾的记载。本书中《从汉代"部"的概念释县乡亭里制度》一文，就是为了解决这个看似矛盾的记载而作的。这也是另一个考证难点，国内外的学者在过去100年中，发表了许多文章讨论这个问题，寻求一个最合理的解释。大概到这篇文章发表以后，可算告一段落。但我也依然希望有进一步的批评或推进。通过这个考证，我们还会注意到实际上，中国历史还体现出另一个特点，即国家空间很大，而社会空间很小。虽然国家的行政末端按理只到县为止，但实际上还向下延伸到了乡里。乡里虽然有"乡三老"一类人司教化工作，但同时也有乡部、亭部等地域组织以监察一般人的行为，务使编户齐民能够中规中矩地生活。

国家是一个组织，组织也是一种技术，如何组织起来，如何进行运作，完全是一个技术改进过程，在中国尤其如此。这种"技术"要用来对付多数人，则须有普遍性和知识性，而不能仅靠私密的权术。传统的统治权术需要披上一件知识的外衣，让人人都懂得，不仅君主需要这个强权的国家，臣民也需要国家强大有力，以维护自己的利益。国家保护在其治下臣民的既得利益不被他人随意剥夺，于是国家中的臣民才能安居乐业。所以长治久安不但是统治者的愿望，在中国也成为老百姓的愿景。所谓"宁为太平犬，不为乱离人"，最深刻地体现了中国被统治者的这种愿景。而中国的帝王从来就被赋予两种最重要的使命，即所谓"作之君，作之师"。君的作用是统治，师的作用是教诲。统治的技术与教诲的内容一直是不断改进与提高的，这两方面的变迁构成了中国历史发展的主线。

虽然"长治久安"是一个成语，但细说起来，"长治"主要偏于上，而"久安"则偏于下。人主不但从上往下考虑如何能够长治，也从下往上细思如何能让百姓久安。久安的基础除了要满足基本生活需求以外，还要加以自上而下的教育，要求老百姓遵守最基本的生活规范，以防社会发生动乱，影响王朝的长治。上面已经说到，汉代的乡三老就负有教化之责。汉以后历代也有一些基本规范要百姓遵守，而直到明代，则由朱元璋正式提出六条要求，利用乡间的长老按此要求规范百姓的行为。到了清代，明代六谕发展为康熙的十六条《圣谕》，并且贯彻实行于200年间。这十六条《圣谕》的贯彻过程我过去丝毫没有注意到，直到20世纪末一次偶然的机会看到一些旧书，才知道原来过去的社会曾经发生过的一些司空见惯的事，于今人而言竟是十分的隔膜。既是隔膜，也就对切近自身的现象——如"文革"时期的"天天读"感到不解。于是在其后的十数年间，尽力搜寻有关十六条《圣谕》的材料，汇集为一部书，并为之写了长达六万余字的前言，这就是本书最后一篇文章《〈圣谕〉〈圣谕广训〉及其相关文化现象》的由来。

这样四篇文章组成本书，在风格上似乎有点不搭。中间两篇是纯粹的考证文章，而开头是概述性、总结性的文字，最后一篇则以材料和分析为主。但如果从长治久安的角度去看，似乎也能放在一起，因此起了这个书名：长治与久安，以供读者批评。

最后，还想赘言一点，西方人对中国的历史实在是十分隔膜，直到19世纪，极端的西方学者所写的世界史还只包括希腊罗马与中东而已。明智如马克思，对于中国的历史也未深论，而以"亚细亚生产方式"概括之。20世纪虽然有号称"放之四海而皆准"的社会发展五个阶段论，无奈衡之中国，则全然卯榫不对。即使中国有所谓前资本主义社会存在，那个社会也绝不是什么封建社会，而只是一个专制集权社会。历史并非自然科学，有规律可循，有周期可寻。不同环境下产生的不同制度，其发展历程与结果是否有统一的规律可循尚未可知。所以中国自有中国的历史，西方自有西方的历史，不必用同一个模型来解释。

美国政治学者福山说："历史，就哲学的意义而言，的确是一种发展，或曰进化，或曰现代化，即制度(institutions)的现代化。"视历史为进化非自福山始，黑格尔早就这样看，所以认为中国只有王朝的更迭，而无历史。这是以西方标准来看待中国历史的缘故。中国历史的变迁乃在于长治久安局面的不断被打破，而后又不断被重构，也就是不断地改进国家组织以及教育安定百姓的工作，从而使长治久安的局面得以重复出现。按照霍布斯的理论，国家是一个按照"知识"原则建立起来的"组织"。而在中国，国家是一个由技术程序建立起来的组织。这种技术在不断改进，历史也就发生了中国式的变化，不必与西方的历史相同。

长治与久安

中国历史上中央地方关系变迁概说

引言

中央地方关系是政治学与历史学，有时还牵涉到经济学、地理学的一个重要研究课题，这一课题的研究将有助于理解中国历史上中央地方关系的渊源所自以及发展变迁经过。但是，在过去，这一课题始终未曾引起过重视。无论政治学家或历史学家，其相关的研究重点都在于政治制度史，而且多侧重于中央制度方面，地方制度很少寓目，至于两者之关系则更乏人问津。近几年来，中央地方关系研究已经引起一些政治学者与历史学者的注意，说明大家已经开始理解这一研究的重要性。但是就目前而言，关于中央地方关系的研究还处在初步阶段，因为这一研究必然牵涉到大量具体而微的史学考证，而且是一项综合的研究工作，至少包含三方面的内容，即：行政区域划分、地方政府结构与地方官员设置以及中央政府对地方政府的具体控制措施与管理方法。其中每一方面的研究都具有特别的专业性，不是轻而易举的事，因此本文只是笔者多年研究之后的提纲挈领的认识，而不是全面的研究成果。

中国在历史上长期是一个单一制的中央集权制国家。在秦代以来的 2000 多年时间里，中央与地方的行政关系经过不断的调整，对于前资本主义社会而言，既取得了极其丰富的历史经验，也出现了多次反复的历史教训。在新中国建立后的 50 年间，中央地方关系也同样经历过一再调整，其主要特点是集权与放权的多次反复，反复的原因与结果竟然是一样的，因为集权过甚，一统就死，只能下放权力，然而一放就乱。于是再度集权，而后再度放权。

周而复始，走不出这个怪圈。在计划经济阶段，这样的反复已经引起国民经济发展缓慢甚至迟滞不前，在社会主义市场经济的新形势下，中央与地方的关系显得更加重要，如果处理不好，很可能对国民经济的运转产生不良影响。本文即在于分析历史上中央地方关系变迁的过程与特点，侧重于行政关系的分析，以期有助于促进相对合理的中央地方关系的建立。

中央地方关系体现在政治（包括立法、行政、司法权力的分配，但主要是行政权）、经济（主要是财政权）、军事（主要是军队指挥权）等方面，但核心在政治方面。中央与地方行政关系的核心是行政权力的分配问题，其次是双方的职能配置。在世界各国，中央与地方之间的权力分配有几种不同的方式，这种不同首先取决于国家的体制究竟是联邦制还是单一制。在联邦制国家中，州一级政府具有相对独立的权力，联邦政府与州政府之间是适度的分权关系。州政府的权力不是由联邦政府授予，而是由联邦政府的权力切割而来的。联邦制国家往往是先有地方政府才有中央政府的，所以中央与地方的权力关系是在一定契约上的分配。在单一制国家中，先有中央政府，然后才在由中央划定的行政区域中设置地方政府，因此地方政府的权力往往由中央所授予，而其中又各有不同情况。在英国，地方政府取得中央政府所让渡的部分权力；在法国，则一切权力归属中央政府，地方政府只是在中央政府的集权领导下分担自己应做的工作而已。所以有人称英国地方政府是分权式政府，而法国地方政府是分工式政府。中国在历史上是一个高度中央集权的国家，中央集权的形成从春秋战国之际算起已有2500年以上。为了充分理解中央集权利弊相乘的特点，我们应该首先回顾中央集权产生与发展的历史。

第一部分 历代中央地方关系变迁过程

在商与西周时期，集权社会尚未产生。商王与周天子将土地分封给亲戚与有功之臣，以建立诸侯国，这就是所谓"封邦建国"，简称"封建"。但在分封以后，王朝与诸侯国之间的关系，并不完全是中央与地方的关系，而是各自为政的关系。就西周而言，诸侯对周天子只负有朝觐、进贡与助征伐的义务，至于诸侯国内的行政事务则与天子无涉，周天子所直接管辖的地域范围只是王畿而已。如果勉强将周王的朝廷与诸侯国的朝廷看成中央与地方的关系的话，那么两者之间至多保持有政治关系而不是行政关系。除了周天子可以分封诸侯外，诸侯还可进一步将自己的封域分封给大夫，这一过程称为"立家"。家也有一个小朝廷，也在一定的地域范围内行使行政权力，这个地域在行政上也与诸侯无关。因此西周时期的层层分封在地域方面形成了天下、国、家的概念，但这些层面之间并非中央与地方之间的关系。

中央、地方两相对立并出现明确的行政关系是在春秋后期。其时重要的一些诸侯国在几个方面发生了重要的变化，一是在战争中消灭小国，并以之为县（以楚国为典型）；二是将原来诸侯分封给大夫的私邑改造为县（以晋国为标志）；三是集合小乡聚为县（以秦国为始创）。这三种方式是形成县制的主要形式。新出现的地方组织——县，由诸侯国的国君亲自管理，并不分封给大夫，这一新制度标志着中央集权方式的出现。随后郡也在各国的边地产生，起先郡与县之间没有统辖关系，后来发展为以郡统县，形成与封建制相对立的郡县制。这标志着地域性的中央集权制国家已经普遍建立起来。郡县制最主要的特点是，国君通过自己任命的官员直接统治地方（郡或县），中央与地方形成行政关系，地方的一切权力来自国君的授予。

从春秋战国之际到秦始皇统一天下，并把郡县制推行到全国范围内，经过了大约500年的时间，因此中国中央集权制国家的形成具有深厚的历史背景与坚实的社会基础。战国时期的七雄之中，只有齐国未曾建立郡县制。为何大部分诸侯国都殊途同归，走上了中央集权的道路，这是很耐人寻味的。这说明中央集权的产生与农业生产方式之间存在密切的关系，因为恰恰是以工商经济为重要支柱的齐国未曾建立郡县制。这个问题不在本文研究范围之内，所以此处不展开讨论。

从实质上说来，所谓中央集权制指的是中央政府和地方政府的一种分权形式。中央政府把全国领土划分成不同层级的行政管理区域，在各个区域内设置地方政府，并分配或授予地方政府以一定的行政、军事、财政、司法等权力。在中国古代，郡与县就是两级行政区域的名称。秦始皇二十六年统一天下，分全国为三十六郡，郡置守、尉、监，这是一个标志性的年代与一个标志性的事件，全国范围内的中央与地方关系从此开始。

一、秦汉时期的中央地方关系

秦代是高度中央集权体制在全国范围内推行之始。秦代地方制度的特点是废除一切封邑，由中央直接管理地方。可以说中国地方制度的基本原则在秦代已经确定，而后遵行千百年，不改其实质。秦代中央地方关系最主要的特点有：（一）行政区划层级只分郡县两层，层级少，政令容易下达，下情容易上达，便于中央政权直接控制地方；（二）地方官员由皇帝直接任命与撤换；（三）对地方官员有严格的监察制度，每郡设监御史，以司监察之职。

这些特点使秦代出现"自天子而外，无尺寸之权（中央群臣无权），一尊京师（地方无权），而威服天下"的局面。虽然秦代二世而亡，但并非中央集权之过，而是苛政所致。

西汉初年由于皇帝依靠群臣取得天下，不得不在部分地区建立与商周时期实质不同而形式相似的封国制度，以分赏有功之臣。而在主要功臣清除完毕以后，又以皇子代替这些功臣，成为地方上的最高权力代表。汉初封国制度有两种表现形式：一是在中央与郡县之间加入诸侯王国一层地方区划；二是设置与县相当的侯国。诸侯王国与侯国都具有相对的独立性，可以自置一定级别的官员，可以收取一定比例的赋税与田租，也就是说在行政上与经济上有一定的分权。但这种权力显然有碍中央集权，因此不断被削夺，直至名存实亡。西汉中期以后，王国与侯国的名义仍存，但诸侯王与列侯的特权已经基本取消，地方制度又回到实质上的郡县制（虽然名义上是郡国并行制，即与郡平行的还有诸侯王国）。

西汉在加强中央集权方面还有两个措施：一是缩小郡的幅员，二是建立有效的监察体系。郡的幅员小，郡的长官——太守的权力就受到限制；秦代虽然每郡设监御史，但汉代担心监察官与地方行政官员同处一郡，会有所牵连，因此将全国分成十三刺史部（后来在京畿地区又设司隶校尉部，作用与刺史部同），各部置刺史以监察部内各郡太守。刺史品秩比郡太守低，这种以小官监察大官的做法，行之有效，保证中央严密地控制地方。此外，还严格实行了上计制（地方按时向中央述职，并报告地方收入）、职务回避制（本地人不在本地当官）等防止地方官权力坐大的制度。以后东汉也全盘继承了这些制度。

两汉时期虽然严密控制地方，但对于地方官仍给予较大的自主权，如郡太守作为一郡的行政长官，不但具有行政全权，而且还集司法、财政、铨叙、军事权力于一身。司法权力不必说，这是大部分朝代地方官兼有的权力。其他权力在汉代明显比后代为重。后来的朝代先是行政与军政分开，后来是财政与行政分离，有的朝代甚至将高层政区的司法权也游离出来，另设官员司其职。

二、魏晋南北朝时期的中央地方关系

汉代十三州刺史部的建立虽然有利于监察高级地方官员，但各部的地域一经划定，刺史职务一旦长期担任，就有可能向地方官员转化。东汉末年，地方多事，州刺史品秩升至与郡太守同级，以便在大范围内实现治安职能。于是州成为政区，刺史成为地方官。州的地域范围远远大于郡，刺史又集政、财、军大权于一身，地方权力过于膨胀，中央权力被严重削弱，形成军阀割据的局面。随之而来的魏晋南北朝时期一直处于分裂割据、战争频仍的局面。在战争时期，地方官常有便宜从事的权力，容易形成地方分权较强的形势。与此同时，从东汉末年已经形成的州郡县三级制又因管理层级增加，上下阻隔较大，更使中央集权有所削弱。更有甚者，除了正式的州郡县三级政区以外，在州以上还有都督区存在。都督区一般是管辖几个州范围的军区，都督原是掌握军权的职务，在此时又兼所在州的刺史，并且管辖都督区内的军政事务。在西晋，都督一般都由宗室或皇子担任，其权力更大。所以魏晋南北朝时期大体是一个弱中央强地方的时期。

除了地方长官权力过大以外，地方豪强的大土地占有方式与门阀世族势力相结合，不但把持地方权力，而且通过各种途径进入高层地方官府，使地方分权越发严重。这一点与两汉时期不同,其时打击豪强势力是官府的重点工作,并以此来抑制地方势力的恶性膨胀。中央集权在魏晋南北朝时期的弱化,还体现在行政权力由于政区猥多而出现的权力分散。南北朝时期由于南北长期处于军事对峙形势下,双方的中央政府不得不划分越来越多的政区,设置越来越多职位(州刺史、郡太守与县令长)以报功酬庸(即酬报对方来降的官员将领)。南北朝后期政区竟然膨胀到数百州、近千郡、两三千县的混乱程度。在这种情况下,中央政府如何能够治理与控制地方?这一时期的地方分权,各自为政的局面已经达到不可收拾的地步。

三、隋唐时期的中央地方关系

隋代重新统一天下,立刻采取措施恢复中央集权。这些措施主要如下:改革地方政府结构。具体而言是取消郡级政区,使州郡县三级地方政府重新简化为州县两级,以提高效率与加强中央对地方的控制。隋炀帝时又将州县两级改为郡县两级,并把郡的幅员划得比南北朝时期要大。因为政区幅员与数量成反比,幅员太小,必然要增加政区数目,造成职务增加,不利于集权。但比起秦郡与汉郡来,隋郡依然不大。因为政区幅员过大,所以担心地方官员权力太大,而增加离心倾向。接着又取消地方官对僚属的铨叙权。汉代地方官员可以自辟僚佐,容易产生拉帮结派的弊病。隋代则"六品以下官吏,咸吏部所掌","海内一命以上之官,州郡无复辟署"。同时又实行兵民分治,府兵军权全归中央,地方官员不掌握军队,只掌握府兵的垦田籍账,消除地方分权势力的经济基础。

唐代行政区划承隋而来,只设两级政区,但州划得比隋郡还小,虽大大增加了中央政府的管理幅度,但却进一步消除了地方产生割据的物质基础。

在秦汉时期，行政官员一般只分地方官员与中央官员，在两者之间临时派出的官员主要是监察官员，而不是行政官员。但在唐代，这种情况发生变化，将使职与差遣制度普遍化了。唐代以前大体上职与官不分离，一职一官。唐代起，职与官开始分离。许多工作是临时性的，以使职去执行，工作结束，这一职务也就撤消。这种差遣性的工作越来越频繁，以致后来有些固定的工作也不设置固定的职位，不任命固定的官员，而以使职充任。这是中央政府防止地方官员长期掌握某种重要权力而形成过强地方分权的措施。譬如转运使，负责财赋的转运，工作极为重要，如果长期固定职位与官员，会使此职务权力难以约束。

在具体的运作方面，唐代中央政府对地方政府采取了一系列有关的措施：

建立朝集制度。这是上计制度之外的新举措。上计制度自战国后期出现，是中央集权国家出现的标志之一，秦代以后继续奉行。唐代规定："尹、少尹、别驾、长史、司马……岁终则更入奏上计。"这是每年一度的常规。朝集使的主要任务则是上京述职并回地方传达重要诏令。朝集使由都督和州级政府首长或其副手担任，据《唐六典》载："凡天下朝集使皆令都督、刺史及上佐（地方高级官员）更为之。"朝集使晋京是每年十月，与上计吏不同。上计一般由地方负专门职能的地方官员担任，朝集使则是地方政府的首长。朝集使的召集是中央集权发达的标志，这是模仿周代诸侯的朝觐制度而来的，反映唐朝兴盛时期皇帝踌躇满志、欲与三代比隆的心情。安史之乱以后，中央集权削弱，中央政府无力年年召集朝集使，曾有几度暂行停止朝集使的命令。朝集使是中央政府定期了解下情，以便调整地方政策的重要中介。

完善选官制度。中央对地方官的任命十分重视。地方官以州刺史（或牧——与州同级的府的长官）、县令为主，在边境地带或特殊地区还有都督、都护等官，这些官员若三品以上，则由皇帝亲自任命，四品五品由宰相提名报皇帝任命，六品以下由吏部报门下省任命。但实际上为了保证吏治清明，并有效地控制地方，皇帝常常直接任命低级的地方官员。

制订地方行政组织的等第，以便官员升迁有序。秦汉时期的县只有大小县之分，等第不显著。隋代已有所改进。到唐代则更完善这一制度。唐初，"州县混同，无等级之差，凡所拜授，或自大而迁小，或始近而后远，无有定制。其后选既多，叙用不给，遂累增州县等级之差"。这些等级之差就是将县分为赤、畿、望、紧、上、中、下，将州分为辅、雄、望、紧、上、中、下诸等，这是唐代地方行政制度改革的一个重要举措。

严密考核制度，地方官的政绩由皇帝直接掌握。同时还有监察官员经常往返于中央与地方之间，随时将地方官员的治绩或过失向中央汇报，以便做出奖惩决定。监察制度原来依靠流动的监察官员来维持，后来逐渐将监察官员固定于一定的地域范围，这个范围称为"道"，监察官员称为"观察使"。

唐代后期，情况发生很大变化。安史之乱不但将唐代划成前后两个制度截然有别的时期，实际上还将中国古代划成前后两个不同时期。唐后期在中央地方关系方面发生了如下的变化：地方政府结构由两级变为实际上的三级。维持两级地方政府一直是中央集权追求的目标，但在安史之乱发生以后，中央政府不得不在各地设立能够掌控几州地域的军政、民政、财政大权的节度使、观察使，以便尽快平息叛乱。在法律上，这些节度使、观察使并非正式地方官员，但在实际上他们却凌驾于州刺史之上，成为一级实际上的地方官员。他们的管辖区——方镇（或称藩镇）和道也逐渐演变为州以上一级政区。唐后期的法律仍然强调州有直达中央的权力，但实际上这一权力往往被更有实力的节度使所扼制。中央集权因为政府结构的变迁而大大削弱。

中央财政权的弱化。唐前期，各级地方政府只有征收财税的权力，而无自主支用税收的权力，一切支出均由中央政府筹划。唐后期，拥有军权的藩镇也要求分掌财权，税收制度从租庸调制改为两税制。州县开始有制税权，与此同时，藩镇向中央争夺财税收入，其手段一是虚报，即向中央少报收入，而把多余部分归己；二是增加税种，在两税之外，巧立名目，收入也归己；三是非法挪用与截留上供额。此外还有其他手段。这些手段使中央财政收入受到损失，自然也就削弱集权的力量。

地方军权的强化。唐前期实行府兵制，这一制度有三个主要特点，一是府兵的分布是内重外轻，主要分布在首都附近的州县；二是府兵的调遣权在中央，而不在地方；三是管理府兵的折冲府系统与州县系统相互独立，军政、民政分开。安史之乱发生，为了迅速调遣军队，委军权于节度使、观察使。节度使原只设于边境地带，后来扩大到内地，观察使原为监察官员，后来管政辖军，于是地方军权形成，在安史之乱平定以后，此权仍不能去。此后，节度使拥兵自重，将军队视为私产，至于将帅由士兵拥立。严重者，河北地区的藩镇形成割据状态，户口、税收都不入中央。虽然中央政府曾有削藩的行动，但中央无论在财力还是军力上都已削弱，削藩只取得暂时和局部的成功而已。最终，唐王朝还是亡于军阀割据。

四、宋代的中央地方关系

唐代的覆亡，造成了五代十国的分裂局面，其教训就是"君弱臣强"，实际上即是弱中央，强地方。赵宋王朝就在五代之末利用军队的拥戴建立起来。因此宋代的统治者特别注意接受唐代覆亡的教训，在如何加强中央集权方面设计出一整套改革方案来。

首先是地方政府结构的创新，这个创新为前代所无，其核心就是将高层政区虚化，将高层地方政府的权力分散。

从来的中央政府都力求维持最简单的两级制，但在国土广袤的情况下，统县政区数目较大，中央政府管理幅度过大，要维持两级制是很难的。因此在汉代就已经出现在郡以上形成州一级高层政区的倾向，虽然统治者力图将州作为监察区而不是行政区，但结果摆脱不了演变为行政区的命运。唐代接受汉代的教训，起初不设监察区，唐太宗虽分天下为十道，但其时的道只是地理区域，而不是监察区。监察工作并不分区，监察人员在中央与地方之间来去如飞，监察效果大打折扣。于是到唐玄宗时，终于分成十五道监察区。到了安史之乱以后，这些道就和藩镇相结合，形成州以上的一级实际上的行政区划。宋代之初，统治者深刻认识到监察区与藩镇都有转变为行政区的可能，因此王朝建立伊始就取消藩镇，削夺节度使军权，也不设置监察区，使地方政府恢复到州县两级而已。但是两级政府运转必定要陷入管理幅度太大的困难，加上唐末五代以来州的幅员变得更小，中央政府直接管理400个左右州级政区，幅度比汉唐两代更大，效率更低。

为了避免设置实质性的高层政区，同时又收到高层政区作为中央政府代表管理州级政府之效，宋代统治者虽在名义上设置了高层政区——路，但又把路虚化。虚化的方法是：不设路一级的单一长官，而将这一级政府的权力分散在转运使（主管财赋）、提点刑狱使（掌司法）、安抚使（管治安）、提举常平使（管平抑物价）身上。这样一来，路级政府实际上是由诸监司——即转运使司、提刑使司、安抚使司与提举常平司组成。与此同时，不同监司的路级政区，有时有不同地域范围，如陕西地区于转运使司分为两路，于安抚使司却分成六路。或者区划虽同，治所却分开，如荆湖南路转运使治长沙，而提刑使治衡阳。因此就实质上说，路级政府只是虚化的一级。为了避免路成为一级正式政府，重蹈前代覆辙，宋代还严格规定州有直达上奏权，路一级政府机构不准干预这一权力。

其次，改变地方官的地方性质，派遣中央朝官担任地方官员。以知州代替刺史，以知县代替县令。这样一来，行政区划在理念上变成中央官员的施政分区，而不是地方官员的行政区域。地方官员在形式上变成中央官员，只是性质为中央派出而已。

第三，重使职差遣，轻固定官职。中央政府为了直接控制地方的一切权力，将唐代已经出现的使职差遣大大发展，同时将职与官相分离。唐代使职是因事而设，事毕即罢。宋代却主要依靠使职进行正常工作，而将正式官员闲置。这些使职由皇帝随意调遣，不致养成地方势力从中央分权。固定官职有数，有一定级别，使职差遣任意性却很大。

第四，改变监察方式。一方面是逐级监察，即"委郡县于守令，总守令于监司，而又察监司于近臣"，换句话说，以中央御史台监察路级政府，以路级政府监察州县长官。第二方面是同级之间的互相监察，如路级政府分为诸监司，这些监司之间还有互察之法。第三方面，地方政府长官的副手也有监察正职的作用，如知州的副手通判对知州的权力就有很大的制约，一切行政命令必须有通判的副署才能生效，这实际上是以副职来监督正职。

宋代中央地方关系还有一个值得注意的倾向，那就是在财政方面中央高度集权，同时在地方路一级政府中，以主管财赋的转运使司最为重要，后来甚至以转运使为一路的主要官员。这说明宋代统治者已充分认识到，经济因素有可能是影响政治形势的决定因素，中央政府如果没有足够的财力，在政治上就不能严密控制地方。这种认识是由唐代的教训得来的，唐代藩镇"租税所入，皆以自赡，名曰留使、留州，其上供者甚少"。地方财力雄厚正是割据的物质基础，这一教训使宋代的财政权的集中显得最为突出。宋朝建立之初，朝廷即"申命诸州度支经费外，凡金帛以助军家，悉送都下，无得占留"。在完成上供任务后，即使地方必要的"留州""送使"的钱物，原则上地方也不能擅自支用，必须经过一定的报批手续，才可使用。

上述措施的实行，保证了空前的高度中央集权，一兵之籍、一财之源、一地之守，都由朝廷掌握，而群臣不与。这一高度集权最明显的好处是中国历史上自宋代以后，再未曾出现过分裂割据的局面。但弊病也很明显，那就是宋代的积弱。兵众而不能打仗，官冗而办事效率低。宋代统治者以为自己中央集权的措施是轻重相维的典范，其实是内重外轻的极致。后来的明清两代基本上师承宋代的做法，依然维持高度中央集权，但在形式上有所变化。

五、元明清与民国时期的中央地方关系

在宋代与明代之间的元代也是以中央集权为主，但由于统治方式不同，而且统一以前的军事时期过长，所以在中央地方关系方面有些特殊之处。其中最主要的特点就是以行省制作为中央控制地方的枢纽。行省本为中央政府组

织（中书省或尚书省）的派出机构，代表中央政府执行管理地方的职责，但久而久之，又逐渐兼具最高一级地方政府的职能。作为中央派出机构，它将地方的权力集中于自己手中，相当于是集中于中央政府。中央政府只要严密控制全国十个左右的行省，就等于控制了全国。作为地方政府，它是一级有实权的政府，与宋代作为虚级的路不同。元代的路、府、州、县等各级地方政府，在财政、军事方面几乎不享受任何分权的好处，一切权力都集中于行省。因此元代中央与地方之间在财政与军事方面的权力分配体现在朝廷与行省之间。为了防止行省因为权力过大而成为割据势力，朝廷在几个方面采取了必要的措施。

一是在地域上使行省的区划与山川形便的原则相脱离。如使陕西省跨越秦岭南北，使河南江北行省包容淮河南北地域，使湖广行省、江西行省踞于南岭两侧，而秦岭、淮河、南岭历来都是行政区划的天然界线。这样做的目的是使行省失去军事上可以凭险割据的地理基础。二是在事权方面使行省内部实行多头负责制。行省的长官及其副手通常由六七位官员组成，行省所掌握的行政、财赋、军事、刑名等事务通过圆署会议议定，而后又由专职官员执行。如军政事务专门由佩金虎符的丞相、平章等官员提调，钱谷财赋也由朝廷指定一两名官员掌管，其他官员一般不能随便干预。同时，行省负责官员中，常常是蒙古人、色目人与汉人交参使用，使之互相牵制。这些措施使行省官员个人不能独立行使权力，而要与其他官员协同或受到其他官员的掣肘。三是对行省的权力进行严格而具体的限制。如行省虽有总领财赋的权力，但支用权在元代中期以后被限制在1 000锭以下；司法方面，行省不得擅行诛杀；军事方面，各地戍兵的布置、调遣始终由朝廷直接掌握。四是对行省的监察严密有效。元代对地方政府的监察工作由在中央的御史台和在江南、陕西的两个行御史台,以及错置于行省内的22个道肃政廉访司所组成,这些监察机构的工作重点就是对行省的监察。终元一代,行御史台与诸行省一直处于对立状态,有效的监察使行省没有坐大割据的可能。

　　上述几方面的措施使行省的性质虽然居于中央机构与地方政府之间,但主要还是代表中央控制地方,为中央高度集权服务。元代地方政府因为是合并了蒙古、金、宋、西夏等政权所形成的,因此级别叠床架屋,有些地方政府层级达四级之多,这与历来中央政府力求简化地方政府级别相反,从表面上看似乎会造成中央权力分散的毛病,但结果仍然能够维持高度中央集权,其关键就是中央政府牢牢控制行省权力,又通过行省以控制地方来实现的,至于行省以下的路、府、州、县几乎是没有任何分权的地方政府。

　　明清两代情况有所不同。习惯上,学术界都认为这两个朝代在地方行政制度方面也实行与元代一样的行省制,其实明清之制在实质上与元代大不相同。明代地方政府由元代的多级简化为三级(布政使司—府—县)与四级(在府县之间有州)的混合。最高一级地方政府学习宋代路的做法,将事权分散于都(都指挥使司,掌军事)、布(布政使司,掌民政)、按(按察使司,掌司法)三司手中,而三司分立制度与元代行省性质并不一样。明代是官署分开,元代则官署唯一,只是官员职权分散。明代的高层行政区划习称为省,在大部分时间内,全国分为十五省。但省其实从未被作为正式名称,十五省的正式叫法应是两京十三布政使司。明初重武轻文,都司居三司之首,后来情况改变,布司位在其他两司之上。三司分立制是防止地方权力过大的重要措施。在这一主要变革下,明代中央还在其他方面加强了对地方的控制。

例如在地方官员的任命方面，明代地方官无论大小，甚至县级少吏如主簿、典史之类也要由中央吏部任命，地方无权任免官吏，而且重要官员的任命都要皇帝亲自批准。地方用人权至此已经荡然无存，这一方面的控制远超过前此任何朝代。

又如在地方行政事务处理方面，明代地方官对许多政事不能自行处理，必须经常向中央请示处理方案。因此从明代开始，发展出一种以题、奏疏请皇帝，而后由皇帝批准执行（或留中、不准）的工作方式。这种方式使地方的行政权力进一步缩小。

而且明代军制的改革使地方军权减少到最低限度。明初正规军队以卫所军队为主，卫所虽分布于全国各地，但军队的指挥权在中央而不在地方。兵统于五府，将命于皇帝。明代军队的统属权与指挥权在中央和省一级是互相分离的，中央的五军都督府管兵但无权调兵；兵部有任免军官之权，但不统兵。各省的都司分隶于五府，也属管兵系统。调兵权则只在皇帝一人手中，这一做法一直延续到近现代。明代后期由于边防多事，总督巡抚虽有便宜行事之权，但这一权力受到极大限制。明代有人认为，尽其放权的极限而言，军事指挥权在地方只有3/10而已。在具体指挥方面，又有大小相制、以小分大的做法，即以职位大的节制职位小的，但同时又以小的职位来分割大的职位的权力。各级将领对其下属军队都无实际指挥权，只能通过其下一级将领来指挥，自己能直接指挥的只有数量很少的亲近的标兵。

在司法方面，明代也体现了高度的中央集权，而且是皇帝的专权。如死刑的决定权就直接掌握在皇帝手中。判决以后，刑部要向皇帝三覆奏或五覆奏，而后才能行刑。

同时地方上的司法权也呈分散状。最高一级地方政府的司法机构本是按察使司,但按察使在行使权力时经常受到巡抚与巡按的左右。三者的分工并不明确,有时互相牵制,只能由中央裁决,使地方的司法分权似有若无。

监察系统的完善也体现了中央集权的力度。明代中央对地方的监察权威性很高。由中央派出的巡按尤其具有几乎无上的权力,这一点甚至在戏剧舞台上也反映出来:巡按一到,贪官就法,观众欢腾。同时,明代的监察体制系统严密,以科道监察总督巡抚,以总督、巡抚、巡按监察都、布、按三司,再以司道监察府、州、县。一级监察一级,比前代系统严密。而且监察网覆盖面极广,无孔不入,任何官员无不在此一网中,效率极高。当然,这样严密的监察系统也有其弊病,这里暂不做详细分析。

要而言之,明代的中央集权与前代相比有所不同,是综合前代的经验而加以改进。例如地方最高一级政府是最有可能发生割据的单位,因此限制地方分权的对象,主要也是这一级政府。所以明代又回到类似于宋代的三司分立方式,只是在后期不得不以总督、巡抚来节制三司,以保证地方政府的正常运作。所以越到后来,督抚的地方官员色彩越浓。但终明一代,督抚作为中央特遣官的色彩尚未完全褪去。以此一例即可看出确保中央集权的主要手段有三:一是以内制外。督抚在名义上是中央官员,是内,三司是外。二是以文制武。三司之中,布司最上;三司之上,巡抚又高于总兵,这也是向宋代学习的结果。三是地方政府互相牵制,同级之间分权(三司分立)而且大小相制(三司也可弹劾巡抚)。结果是地方官不能自专,离心倾向受到扼制,分裂根本不可能。

明代省级政府的三司分立与宋代路级政府的诸监司相比,事权稍为集中,这是接受宋代分权过甚,引起办事效率低下的教训而做出的改进。但三司互不统属。在地方安宁的情况下，矛盾不突出，能协调处理地方事务，但在地方多事之秋，三司各执一权，难以应付突发事件。因此在明代后期，又在都、布、按三司之上发展出总督、巡抚制度来，这一制度是以总督或巡抚来兼顾三司的各项事务，从而克服地方政府各机构互不统属所引起的扯皮，起到牵制作用。由于中央对地方控制得宜，尤其是对省一级政府有足够的制衡力量，因此对于府、州地方分权，呈现比前代宽松的状态，其表现形式就是明代的府与直隶州的幅员比前代有明显的扩大。例如山东一省只有六七个府，使得三级地方政府的管理幅度合理有效，这是唐代以来的重大改革。

清代中央地方关系的基本特点是以明代为基础而做进一步的改进。明代后期发展起来的总督、巡抚制度，介于地方政府与中央官员之间，到清代更发展为督抚分寄制的中央集权。一方面，督抚的辖区逐渐调整到与省的范围相一致，总督或巡抚成为地方最高一级政府的长官。另一方面，督抚又佩带钦差式的关防，代表朝廷监临地方。其权力是皇帝所分寄，故直接向皇帝负责，一般不受中央各部院指挥。

这样一来，省级行政区划在明清两代之间虽无实质性的变化，但政府层级却有较大差别。在明代以前，一级政区对应一级政府，但在清代却不同，三级政区（省—府—县）对应五级政府（督、抚—藩、臬—道员—知府—知县）。由下而上的公文要层层呈递，由上而下的指示要层层下达，不准越级，严密控制。布政使本为一省最高地方官，在清代却要位居督抚之下，多了一层政府，多了一重矛盾。清代的省有的专设巡抚，有的专设总督，两不重叠；但还有些总督节制两三省，又与只管一省的巡抚同在一个省城。在这种情况下，督抚之间又要互相牵制，再多一层矛盾。道本来是一种专职性质的区划，道员也是省级政府的派出专员，以负责某一项具体事务。在明代这一制度已经出现，但未成为一级政府，到清代府申省的文书一定要经过道的转递，等于多了一层地方政府。清代前期皇帝多以勤政闻名，设置多层地方政府虽有阻隔太甚之嫌，却收到中枢控制之便，地方一切矛盾无不由中央解决，皇帝得以遥控一切重要事务。

清代不但地方官员的职位分别十分繁细，而且将全国的府、州、县以"冲（地理位置）、繁（政务繁简）、疲（民情好坏）、难（治理难易）"分出具体等第来。"冲繁疲难"的四字考语在明代已经出现，是用来表明某一政区治理的综合难易程度的。清代将其发展为选用官员的依据之一。综合元、明、清三代观之，元代只重视行省一级地方政府，明代开始注意府县级，清代则相当重视府县级政府的治绩。详细划分地方政府职位的等第，就是为了更好地量才使用，以利吏治。这是中央控制地方的一个重要措施。对于地方官的补授，又有许多严格的规定，如别其流品、观其身言、核其事故、验其文凭。此外，对于回避制度，清代规定最为苛细，有籍贯回避、亲族回避、师生回避、官幕回避等。如籍贯回避规定，禁止官员在原籍方圆500里内任职。而且原籍不仅指祖籍，还包括本人或父辈一定时期内生活过的地区，即所谓"寄籍"。比起前代来，回避范围扩大，而且制度严格，因而在避免官绅勾结形成地方势力方面起了重要作用。

为了加强皇帝对中低级地方官员的控制，清代还建立了引见制度。清初规定州县官缺中的一等人选必须引见，二等、三等则由吏部直接铨选。康熙后期起，"凡郡守卫牧令之选，奏名廷陛，无不引见之员"。引见时皇帝提出问题，待选官员自报履历，回答询问。皇帝借此机会了解官员的能力水平至年龄体貌，将中央对地方的控制深入至皇帝对地方官的直接控制，这是前此历代所无的制度。

元、明、清三代都是国土广袤的大帝国，其第一级政区习惯上都称为省，但这一级政府在三代之中却发生了形态上的变化，因而中央地方关系也相应有所调整。在元代是以行省政府代表中央政府，因此这级政府的职官设置与中央完全一致，有宰相、有平章政事等，只是品级稍低而已。在这种情况下，如何限制行省掌握太大权力就是中央重点考虑的问题。明代矫正行省政府的性质，使之复原到权力分散的地方政府形态，在前期基本上取得成功，但也产生因地方分权不足而无法应付地方事务的弊病，因此后期不得不以总督巡抚制度与三司制度并立而行。清代接受了元、明两代的经验，将督抚制度固定下来，使之成为一种分寄式的中央集权方式。这种方式是将督抚作为封疆大吏，授予其个人以比较大的权力，这种权力为宋代以来所无，是将中央应该集权的部分权力分寄在督抚身上。因此在行政上，督抚有权节制、指挥一省（总督有时节制两三省）的布、按两司（都司在清代已废去），及道、府、州、县等地方官员，随时审核考察其治迹。这种权力是由其既作为代表中央监临地方的钦差，又作为地方最高行政长官的身份所决定的。但由于有其他制度所制约，这种权力不会无限制膨胀。如清代地方财赋必须"悉数解司"，并实行严格的奏销制。地方并无独立财政预算，只要解入布政司藩库的财赋，就是中央朝廷所有，督抚并不能擅自动用。督抚所直接节制的各省绿营，名义上也是国家军队，并非地方军队，督抚只是代替中央管理这些军队而已。

为了防止督抚的分权影响到中央集权，清代还采取其他种种措施加以防范。如在以督抚节制全省官吏（这是以大制小)的同时，又使其下属的藩、臬、提、镇诸司都有密折上奏权（即以小制大），以便大小相制。又如督抚人选以旗人为重，以保证其忠于朝廷。由于督抚人数不多，便于管理，所以皇帝经常直接下旨控制督抚行动，并通过密折题奏手段，时刻注意其动向。由于中央控驭得法，清代督抚都对皇帝唯命是从，从未出现与中央分庭抗礼的现象。甚至在镇压太平天国运动以后，许多督抚实际上已拥有相当大的权力，也未曾出现分裂行为，最极端的行为也只到"东南互保"为止。

民国建立，虽然使2 000余年的皇帝专制制度废于一旦，但中央集权的趋势并没有根本的改变。民国初年，地方行政制度有重大变化，废府（州、厅）存县，同时在省与县之间设正式政区——道。不过道始终未曾起到一级政区的作用，只是作为省县之间的公文承转机构而已。北洋军阀政府虽欲集权于中央，但其时势有未能。在民初十多年的时间里，南北两方长期处于对抗状态。一直到国民政府北伐成功，又被蒋介石篡夺政权，其后中央集权制又重新得到恢复。为了强化中央集权，道一级政区被取消。地方政府一时成为省县两级制，回到秦代的面貌。但时间已过去2 000余年，古代社会与现代社会的差异太大，而且国家版图、人口数量也发生了很大的变化，两级制实行起来有明显的困难。因此当20世纪30年代国民党政府开始"剿共"时，采取了一种新型的地方政府形态，即在省以下设一派出机构，称为专员公署，以之管理部分县的行政事务，克服了一省管理数十县、幅度过大的弊端。这种做法既避免了增加一级正式政府，又使管理幅度趋于合理，所以起初为临时、局部（最先在江西试行）之制，后来成为普遍、固定的制度。新中国成立以后，这个制度保留下来，以至于今，其中部分专区（专员公署的地域范围）自

80年代以来又逐渐被地级市所替代。

第二部分　对历代中央地方关系变迁的阐释

　　由于中国人一向注意历史学，统治者也很注意如何治理天下才能保持长治久安，因此一部有名的编年史才会被命名为《资治通鉴》，许多史学家才会对各种纷纭变化的现象做出种种阐释。在总结前代或历代中央地方关系的得失时，中国史学家常用内外、轻重、干枝、首尾等关系作比喻。所谓"内"，指的是中央政府及中央集权，"外"则是地方政府或地方分权。在中央集权削弱，地方分权偏重的时候，就被称为外重内轻，反之则为内重外轻。外重内轻可能引发割据分裂的局面，促使统一王朝走向瓦解，这是汉、唐两代的教训；内重外轻虽无割据之忧，却使地方失去绥靖御侮能力，在内忧外患交加的情况下，就会导致亡国的危险，这是宋、明两代的结果。因此古代政治家所追求的理想目标是轻重相维，也就是在中央集权的前提下，使地方有适度的分权。但是要做到这一点并不容易。轻重相维是一种不稳定的平衡状态。一旦处置失当，就会失去平衡，不是向外重内轻滑坡，就是向内重外轻倾斜。因此在古代历史上总是循环不已，周而复始。当然每一个循环都不是简单的重复，而是吸取前代教训以后的改进或提高。

　　除了以内外作比喻，中央地方关系还可称为干枝、首尾、本末关系。西汉中期削弱诸侯王国的措施叫作强干弱枝或大本小末，唐代后期的藩镇割据现象被形容为尾大不掉。但是无论是内外、是干枝、是本末、是首尾，矛盾的主要方面总是在内、在干、在本、在首这一边。对历代统治者来说，保持一姓专制政权的长期统一和安定是最高的政治目的，因此对地方安定的重视超过对地方发展的关心，因而统治政策也就往往偏向高度中央集权的那一端，于是只授予地方当局以最低限度的必要权力，维持老百姓的最低生活水平。为后人企羡不已的汉代吏治，也不过只达到"政平讼理，百姓无愁怨"而已。

但是高度的中央集权并不总是能维持得住，当地方多事之秋，亦即连温饱水平也不能满足而引起农民起义时，或是因统治权力分配不均而爆发内乱时，中央政府又不得不下放一定的权力，以便地方政府有能力镇压起义与叛乱，以维持王朝的生存。然而每一次权力的下移，并不会正好停留在轻重相维的均衡点，而是往往摆向极端地方分权的那一端，于是分裂局面出现，乱世到来，统一王朝走向崩溃，各种势力进入中原逐鹿的混乱舞台，直到最强有力者夺得政权，建立新的王朝，于是统一重新出现，治世再度开始。新统治者接受前代的教训，寻求更佳的中央集权方式，钟摆又摆回到高度集权的另一端。一部中国政治史就在外重内轻和内重外轻的两端往复摆动，同时又一步紧似一步地走向极端的中央集权。

从具体的朝代看来，秦汉两代可以算作轻重相维的时期。秦之速亡非由于地方权力太重，而是因为苛政太甚，所以当时有"叛人"而无"叛吏"。直到东汉末年才出现极端地方分权，引起军阀割据，造成三国鼎立局面。西晋统一以后实行"封建"，外重内轻现象变本加厉，促使西晋王朝很快就在"八王之乱"中覆灭。此后的东晋南朝和十六国北朝对峙时期，一直处于轻重失序的周期，乱世从东汉末年算起整整延续了400年之久。清代和唐代前期又一次达到轻重大体相维的态势，当然在接受汉末的教训之后，中央集权更加强化。但是为了平定安史之乱，唐代政府不得不把权力再次下移，唐后期又从治世转入乱世，部分藩镇拥兵自立,形成割据,其他藩镇的分权则可上比汉末的州牧。唐王朝与藩镇偕亡以后,全面分裂的局面再度出现,从唐中期到宋代重新统一,平叛与分裂战争不断,混乱形势也贯穿了两个世纪。

要而言之,自秦汉到五代十国时期,可以看成从轻重相维到外重内轻的两次反复过程,也是由统一到分裂以及由治而乱的两个循环。长达千年以上的这一历史变迁,深刻地教育了宋代统治者,使他们意识到轻重相维的局面固然不错,却是不牢靠的,要想防止出现外重内轻的弊病,没有别的办法,只有走内重外轻的道路,这就是宋代实行绝对专制统治的思想基础。于是,宋代不但尽收地方之权于中央,而且集中央之权于皇帝个人手中。元明清三代中央地方关系与宋代一脉相承,乃以中央官员分掌地方大权,实际上再无真正的地方分权可言。因此自宋代以后,中国历史上不再出现因割据而产生的分裂局面。金与南宋的对峙是由异族的入侵所引起,并非地方极端分权的产物。内重外轻之弊历久而愈显,宋以后王朝的覆亡多由外力所造成。宋一亡于女真,再亡于蒙元,明亡于满清,而清几乎亡于东西列强。然而只要无强敌压境,即使国势寝弱,地方凋敝,总还能勉强维持专制政权的延续。所以统治者非不明白内重外轻之病,但与外重内轻相较,则宁愿两害相权取其轻,以维护一姓之专制统治为最高目标。于是终中国皇权专制下的中央集权制度之世,内重外轻之病已不能去。

对于这种内重外轻的弊病,中国古代的思想家有过种种切中时弊的批评,也有种种改善方案的提出。例如对于中央集权过甚,南宋学者叶适早已指出,这是"视天下之大如一家之细"。既将一个偌大的国,当成一个小小的家来治理,什么权力都要抓在皇帝手里,岂有不出问题的道理。所以他明确反对中央"尽收威柄，一总事权"的做法。明清之际的思想家顾炎武也说"郡县之失，其专在上"，批评中央授予地方权力太少。王夫之更主张要有适当的地方分权，他指出"上统之则乱，分统之则治"，"上侵之焉而下移，则大乱之道也"。尤其无权的是郡（府州）县长官，辟官、莅政、理财、治军本来是郡县长官的四种主要权力，而越到后来，这些权力越小，宋元以后则基本丧失殆尽。这样一来，地方长官都不求有功但求无过，等因奉此，消极推诿，行政效率大大降低，对于地方的正常治理极其不利。地方政府无权，还直接影响了地方社会经济与区域文明的发展进步。例如，宋代以后朝廷尽收地方之财，地方政府无以为计，不仅无力举办公益事业，诸如兴水利、办学校、恤灾荒，甚至连官俸有时也不能自给，结果自然阻滞了地方的正常发展。更加严重的情况是造成国家或地方积贫积弱，从而失去抵御外侮的能力。当然地方分权过大也会有其他弊病，尤其是极端分权状态会引起国家的分裂，造成社会经济文化的破坏，也削弱抵御外族入侵的能力，影响整个社会的发展进程。因此最理想的状态当然是轻重相维。但从上面的分析我们已经注意到，在皇权专制社会里，轻重相维的局面基本上是无法做到的，至多只能出现不断的循环反复。

通过以上的分析，我们对历史上的中央地方关系自然会有以下的基本认识：（一）中国历史上不但是一个中央集权的国家，而且是一个个人专制的中央集权制国家。个人专制指的是在中枢权力中，最高领导者与中央政府其他人员的权力分配形式；中央集权则是在国家纵向权力分配中，中央政府与地方政府的关系。（二）中国不但是一个中央集权国家，而且是一个高度中央集权国家。所谓高度中央集权有几方面特点，一是集中一切权力，二是与官僚制度互相依存,三是否定地方自治,四是牺牲地方利益,五是趋向个人专制,六是不具普遍性。(三)由于长期高度的中央集权,使中央对于放权过于谨慎(一般都是被迫),而由于地方缺乏掌握重要权力的经验,一旦放权,便极易出现滥用权力的混乱现象。(四)由于长期高度中央集权,因此即使是弱中央,有时也还有控御全局的能力,如晚清平定太平天国运动以后,一些总督已经拥有不小的权力,但中央仍然能干涉地方事务,随意取消权臣所筹划的卢汉铁路和汉阳兵工厂的建设。当然地方也有割据的传统,一旦拥有军权与财权,可能出现群雄割据的局面,民国初年的军阀纷争就是一个例证。(五)由于中央地方关系有一定的传承性,并且对国民产生一定的心理暗示,因此一般容易认为集权比分权好,即使过度集权会窒息地方积极性,但至少集权不会引起混乱,能够保持国家稳定。所以集权的倾向性较强。这也就是为什么在2 000年的帝制国家中,中央集权越来越加强的真谛。如何处理中央地方关系,仍然是一个不易破解的难题。

(本文原载《学说中国》,南昌:江西教育出版社1999年版,收入本文集时稍做订正修改,并删去论及1949年以后变迁的内容。)

长治与久安

县制起源三阶段说

关于县制的起源是一个老问题，但却是至今尚未解决、尚未说清楚的问题。春秋以后，由于社会生产力的发展，公社及其所有制即井田制度逐渐有了变化，使得国人和野人身份地位的差别渐渐消失，国与野的对立也在渐渐消弭。与此同时一种新型的制度却渐渐萌芽，这就是郡县制的出现。县和郡在初出现时，性质还比较模糊，后来就逐步演变为具有一定地域范围的行政区。对于郡县制的起源，由于文献有阙，现在还不能说得很清楚。但学术界的共同看法是起于春秋，形成于战国，而全面推行于秦始皇统一天下，这是没有疑问的。然而这还只是画了一道很粗的线条。在证明县起源于春秋时，所有的研究著作都仅仅是将有关的记载罗列一番，不能就这些史料的内在关系做出分析。这里想来做些分析与推测，以便将模糊的史实尽量变得清晰一些，然而犹不敢说这些分析已是定论。

一、三种不同含义的县

在明代以前，对于郡县制的起源大概不存在任何问题，一般都简单地认为秦始皇统一天下，"罢侯置守"，分天下为三十六郡是郡县制之始。明清之际，开始有人提出疑问。先是明代弘治、嘉靖间人田汝成说，郡县不始于秦代，举《左传》晋分祁氏之田为七县，分羊舌氏之田为三县为例。明末清初的顾炎武在《日知录》中，更举《史记·秦本纪》武公十年灭邽、冀戎，初县之；十一年初县杜、郑之记载，把郡县制的起源上溯至春秋初年，比秦始皇统一天下早了500多年。这以后郡县制起源于春秋初期的观点似乎成为共识。20世纪30年代，顾颉刚先生撰《春秋时代的县》一文，把见于载籍的有关秦、楚、晋、齐、吴等国设县的材料都钩稽出来，证明春秋时代置县已较普遍，但是同时又指出，晋县是采邑性质，与秦、楚的县是国君的直辖地有所不同。20世纪50年代日本学者增渊龙夫与80年代杨宽则认为春秋的县与郡县制的县还有本质的差异，杨宽以为郡县制应形成于春秋战国之际，但对两者之间的转变关系也仍然语焉不详。

为了尽量接近史实，现在我们换个角度来探讨郡县制的起源，亦即在重新检阅春秋各国置县的材料以前，先对县的意义做一分析。分析时所用史料仅限于《左传》与《国语》等比较原始或可靠的记载，而完全不用《周礼》所载内容，因为该书是由后人所编集的理想与现实制度相混合的著述，不利于说明真相。

县的意义在春秋战国时期有三个阶段的发展，即县鄙之县、县邑之县与郡县之县。

先说县鄙之县。在这个意义上，县与鄙相同，国以外的地域则为鄙、为县、为野，三者同义。这是西周封建之制形成的地域差异，至春秋时依然如此。《左传》庄公二十八年曰："（晋）群公子皆鄙，唯二姬之子在绛。"当时晋献公使太子申生居曲沃，重耳居蒲城，夷吾居屈。"群公子皆鄙"指的就是申生等三人所居，都在国都绛以外的鄙。绛是国，曲沃、蒲城与屈三邑都在鄙。《楚语》也说："国有都鄙，古之制也。"说明都鄙的对立至少从西周以来便如此。这里的国指的是整个封国，都指国都，国都以外的地方即称鄙（国有三义：一是封国；二是国都，即郊以内为国，郊以外为野；三是都城），这是说诸侯的封国之内有都与鄙的分别。韦昭注云："国，郊以内也；鄙，郊以外也。"大体是正确的。《齐语》讲管子为齐国定地方制度,是"参其国伍其鄙",也是国鄙对立。但另一方面,与国相对立的地域也可称作县。《周语》载单襄公出使,经过陈国,发现那里的行政管理制度很乱,"国无寄寓,县无施舍",与周制的"国有班事,县有序民"的情况相去很远。这里就是将国都与县对举,把县作为国以外的地域,可见县与鄙的意义是一样的。

县鄙两字又经常连用。如《左传》昭公十九年,郑子产说郑国将沦为"晋之县鄙,何国之为",这是说,郑将要亡于晋,若果真如此,郑国的土地就变成晋国的县鄙之地了。隔了一年,齐国的晏子又说了"县鄙之人,入从其政"这样的话,这里的县鄙自然也是指与国对立的郊野乡聚地区。鄙也可以作为动词用,《左传》宣公十四年,楚使赴齐,路过宋国,但不向宋假道,于是华元对宋昭公说:"过我而不假道,鄙我也。"这里"鄙我"就是视我为楚国的边鄙的意思。对照上述这些意思,我们再来检阅《史记》的记载。《秦本纪》言,秦武公十年(前688年)"伐邽、冀戎,初县之。十一年,初县杜、郑"。对照子产与华元的话,可以认为秦武公其实是把邽、冀戎的地盘与杜、郑两地变成秦国的县(鄙)之地而已,并不一定要理解为秦国当时已经具体设立了邽、冀、杜、郑等县。更何况《史记》这段话是500多年以后所记(此事不见于《左传》),并非当时的实录。当然,司马迁可能有秦国的文献作依据。但即使有关秦武公的记事准确无误,还有一点令人觉得奇怪的是,在武公以后的整个春秋时期,秦国再没有"初县"其他地方的任何记载,和楚国灭国为县的许多例子,以及晋国更多的有关设县的记述情况完全不同。这样一来,我们就难以将秦武公的"初县之"这个孤证当成秦国在春秋早期已经设县的依据,而应该理解为秦国领域向西扩展到邽、冀,向东扩展到杜、郑地区为宜。退一步说，即使秦武公时已经置县，则这些县也是县邑之县，还不是郡县之县。

再说县邑之县。作为县鄙的县照理是不可数的，是一大片地域的意思，而不是一个个的聚落。鄙就不可数，只有北鄙、南鄙的说法，如《左传》宣公十五年言"夏，齐侯伐我北鄙……秋，邾人伐我南鄙"，用以表示国都以北、以南的地域，因此文献上不可能有五鄙、十鄙这样的话。童书业以为"小邑或称为鄙"，举《左传》襄公二十八年"与晏子邶殿，其鄙六十"为说[1]，但这个说法恐怕靠不住。《左传》此语实应理解为"给晏子邶殿之鄙六十邑"才对，"邶殿"与"其鄙"之间不应点断。与鄙不同，邑是聚落，当然是可数的，所以《左传》昭公五年说："竖牛取东鄙三十邑，以与南遗。"[2] 这种鄙中有邑的形态并非春秋特有，而是自商代以来便是如此。《殷契粹编》第801片有文："大方伐□，鄙廿邑。"杨伯峻释曰："大方即大邦，为殷人自称，谓殷伐□夺其二十邑以为边鄙也。"

县鄙虽然同义，但文献上却从不见有北县南县这样的话。相反，从某些记载看来，县却与邑一样也是可数的。说明县的性质在春秋时期开始有所变化，这种变化可以从楚国看出来。《左传》哀公十七年（前478年）记楚子谷之言曰："彭仲爽，申俘也，文王以为令尹，实县申、息。"这里"实县申、息"有以申、息作为县鄙之地的含义。但既派令尹管理申县，则此县与邑一样也是一个可数的行政单位，而不是过去县鄙的意思了。而且其时县与邑的意义是相通的。楚庄王时，申县县公巫臣反对以申、吕两县作为赏田时就说："此申、吕所以邑也，是以为赋，以御北方。"申是楚县，而称其"所以邑也"（之所以为县

---

1 童书业：《春秋左传研究》，上海：上海人民出版社1980年版，第181页。
2 杨伯峻：《春秋左传注·昭公五年》，北京：中华书局1981年版。

的原因），说明县邑同义。楚文王在位时是公元前689—前677年间，亦即楚以申、息两国为县与秦国初县邽、冀戎相去不远。秦是以戎地为县，楚是灭国为县。性质本来无二，但楚任命了县的官员，秦却不知有无，这是两者的区别。灭申为县不知确在何年，最早出现申公（申县之长官）的记载是庄公三十年。楚国置县的记事还有一条，也是事后追述的。《左传》庄公十八年（前676年）载："初，楚武王克权，使斗缗尹之。以叛，围而杀之，迁权于那处，使阎敖尹之。"此载虽未明言灭权以为县，而既设尹以治之，与后来楚国的县尹一样，可推见当时是灭权以为县。楚武王于公元前740—前690年在位，则以权为县或比秦武公县邽、冀戎稍早。明确记载当时楚灭他国为县的事例从灭陈始。

楚庄王十六年（前598年）伐陈，以之为县，后因大夫申叔时之谏而罢县，恢复陈国；至楚灵王七年（前534年）再度灭陈为县，使穿封戍为陈公；十年又灭蔡，使其弟公子弃疾为蔡公（分别见《左传》宣公十一年、昭公八年、昭公十一年所载）。陈公、蔡公都是县公，是一县之主。因楚之国君僭称王，故称其县之长官曰公，等同于诸侯。因而楚庄王在灭陈以后，曾经嗔怪其臣下申时叔说："诸侯、县公皆庆寡人，汝独不庆寡人，何故？"楚灭蔡虽未明说是以蔡为县，但既任命了蔡公，与陈公一样，自然也是置蔡为县。除陈、蔡而外，据《左传》所记，在楚文王至楚庄王之际，还灭了邓、弦、黄、夔、江、六、蓼、庸等小国，这些小国也应当成为楚县。[1] 所以宣公十二年楚克郑后，郑庄公对楚庄王表示了郑国愿等同于楚之九县，亦即称臣于楚的意思。"九县"一语表明其时楚国在

---

[1] 参见《左传·宣公十二年》、杜预注以及孔颖达疏《春秋左传正义》。

边境地带灭国置县之多。

楚既灭国为县，则这些县要比一般的邑大，但不管这些县幅员如何广大，终归是与邑相似的单个的行政单位，与县鄙的县性质不一样了。与楚国的大县相反，齐国的县却是很小的。上面已提到，《齐侯钟铭》载灵公（前581—前554年）赐叔夷莱邑，"其县三百"，这些县就是很小的邑了。

邑本来是"人所聚会"，可大可小，弹性很大，有十室之邑，有百家之邑，有千家之邑，至战国时更有万家之邑。县既与邑同义，则大小县之间也相差很大。齐灵公与楚灵王差相同时，而楚县与齐县大小相差如此。这也说明，从行政单位的角度而言，春秋的县尚未成形，保留着从县鄙的县衍化而来的痕迹。这些县的基层组织也未经过改造，仍是原来的氏族组织。以国为县主要是表示权力的归属，并非行政组织的彻底变化。所以陈、蔡两县后来一度复国，也很容易，并未有任何实质性的变迁。

以县为邑在春秋的晋国表现得最为明显。《左传》僖公三十三年（前627年）载，晋师破白狄，胥臣所推荐的大将郤缺捉获了白狄子，晋襄公因此"以先茅之县赏胥臣"，这是明确地出现"县"的记载。而晋国之有县当比此更早，而即便此条之记事，上距秦武公时亦不过半个多世纪。再者，《左传》宣公十五年（前594年），晋荀林父灭赤狄潞氏，晋景公赐保奏荀林父的士贞子以"瓜衍之县"。又，襄公二十六年（前547年）蔡声子谓楚令尹子木曰："伍举在晋，晋人将与之县，以比叔向。"上述这些县看来都是采邑的形式，国君可随意以之赏赐臣下，甚至他国来奔之臣。与楚国只在边地置县的情况不同，晋县看来似乎很普遍，连国都也是县。《左传》襄公三十年载，绛县一老人因为无子而亲自去杞城服劳役，县大夫赵武认为这是自己失职所致，于是免去老人之役，并任命其为绛县师。绛是晋国之国都，也可称之为县。这或者表明春秋时晋国的邑均可以县称。国都也是邑，是有先主祖庙之邑。故此时县与邑是一回事，而且县大夫亦是世袭，栾氏无后，所以栾氏所食之州县为人所觊觎（详后），而国君也可再以此无主的土地赐予他人。晋襄公以先茅之县赏胥臣时，也因先茅绝后，所以才取其县以赐。[1]

《左传》关于州县的记述似乎更加能够证明这一推测。晋平公十九年（前539年）以州县赐给郑臣伯石。州县本来是栾氏之邑，栾氏亡后，范、赵、韩三氏都想得到这个地方。赵氏说，州本来属温，而温是我的县。范氏和韩氏说，自从州县和温县分开以来，已经过了三代，晋国将县一分为二的例子多得很，你赵氏怎能算旧账？赵氏无言以对，只能放弃州县。范、韩两氏既以主持公道的面目出现，也不便取州县为己所有，因此韩氏就建议将州县赏赐给伯石。不久，赵氏掌权，有人劝他把州县收回。赵氏说，我连我自己的县都治理不好，还要州县做什么。四年以后，郑子产又替伯石的后人来退还州县给韩氏，韩氏仍觉取之有愧，遂以州县和人换了原县（见《左传》昭公三年、七年记事）。

上述记载说明了好几方面的问题：一是大夫的采邑有以县为称者，如州县原属栾氏，又温县属赵氏，而且据赵氏自称还有其他县；二是有一些县可由大夫手中，转而为国君支配，如州县，所以春秋中期的县在晋似乎是邑的别称；三是晋县可以一分为二，这与后世从老县分置新县已有些类似。加上前面所说的先茅之县、瓜衍之县、绛县，尤其绛县还是国都，这就使人有理由相信，春秋时晋国的

---

[1] 参见杜预注：《春秋左传集解·僖公三十三年》，上海：上海古籍出版社1978年版。

邑一般都可以称为县。

由于县邑是一回事,所以晋国的县很多。《左传》昭公五年记,楚灵王欲刑辱送晋国君之女出嫁至楚的晋卿韩起与大夫叔向,楚臣薳启彊劝阻说:"韩赋七邑,皆成县也。羊舌四族,皆强家也。晋人若丧韩起、杨肸,五卿、八大夫辅韩须、杨石,因其十家九县,长毂九百,其余四十县,遗守四千,奋其武怒,以报其大耻。"从这段话中,可以看出其时之晋县有49个之多,而且这些县指的都是成县,亦即能出兵车百乘的大县。晋县还有所谓别县,指从大县分出的小县。前述州县就是温的别县,下文之郲县也是温的别县。而且据范、赵两氏说,"晋之别县不唯州",看来别县的数量也不少。

由上述情况看来,春秋初年,是县邑通称时期,所谓"初县之""实县申息"之"县",其实重点都是在说明以之为自己的领土的意思,而不在于说明设置某个个别的县。此时的行政单位仍是以邑为通称,但已加上县的称呼,是已与县邑等同。直到春秋中期,县作为行政单位与邑还没有什么大的差别。但是县作为国君直属地的性质却与采邑有所不同,这尤其表现在边境的县。

二、晋楚边地县邑的性质

不但楚国在边地灭国为县,晋也同样有灭国为县的记录[1],这在过去不大引起注意,同时晋国还在从周天子手中得来的新边疆里也设置县。晋、楚的灭国为县以及在新

---

[1] 灭国为县在春秋很普通,但对于具体的灭国数目,《左传》却无完整记载。后代有些著作曾经提到,但其具体数目只能作参考,不过可由其中看出灭国之普遍性。周初诸侯国一千有余,到春秋后期已如子服景伯所说:"今其存者,无数十焉。"(《左传·哀公七年》)。据《吕氏春秋·直谏》,楚文王兼国三十九,又据《韩非子·有度》,楚庄王并国二十六,开地三千里。又秦缪公并国二十(李斯《谏逐客令》),晋献公兼国十九(《吕氏春秋·贵直》,《韩非子·二难》则作"并国十七,服国三十八"),齐桓公并国三十(《韩非子·有度》)。

领土上所设的县虽然还不是后世的郡县，但已开始具有地方行政组织的特征，即作为国君的直属地，并且县的长官不实行世袭制。这两个特征本质上是统一的，是地方行政制度的表征。

以楚国为例，最先的楚县虽然也有世袭的例子，但并不成为制度。如申县的首任县公是申公斗班，第二任是申公斗克，后者是前者之子。而据日本学者平势隆郎的考证，此后申公再不世袭，而且除此而外，楚国其余的县并无世袭之例。[1] 同时，申县又明白地是楚王的直属地，并非申公或其他任何人的采邑。楚庄王时，令尹子重曾要求取申、吕作为赏田（即采邑），但受到申公屈臣的反对，理由是："此申、吕所以邑也，是以为赋，以御北方。若取之，是无申、吕也。晋、郑师必至于汉。"（《左传》成公八年）。可见申、吕两县当时是楚王直属地，用以征收军赋以供边防之需，若以之作为大夫私人的采邑，军赋将无所出，申、吕也不成为要塞，晋、郑两国的军队就要逼到汉水之滨了。申、吕虽是县，但尚非后来的郡县之县，不过业已具备其特征之一——即作为国君直属地，而不是大夫的采邑。所以当国君在国都待不下去时，还有县作为退路。据《史记·楚世家》讲，楚灵王众叛亲离的时候，其右尹就先劝他"待于郊以听国人"，继之又劝其"入大县而乞师于诸侯"（《左传》中的县作都是指已经成为楚国领土的原小国之都，其实即灭国为县之县）。

依顾颉刚的意见，晋、楚两国的县性质不同，前者是采邑，而后者是国君直属地。其实恐不尽然，晋县也有的是国君的直属地。杨宽也以为晋国县大夫世袭，举晋国第一任的原县大夫是赵衰，继任者是其子赵同为例。然事实

---

[1] 参见杨宽：《春秋时代楚国县制的性质问题》，《中国史研究》1981年第4期。

并非如此，赵同并未继赵衰任原大夫（详后）。仔细分析起来，晋国的边县并不全是采邑，也有公邑，这种差别是随着时间的推移而发生的。任命县守，虽亦称守为大夫，但县大夫并不世袭，与纯粹的采邑不同。这个区别似乎是随时代而变迁的。

晋献公时灭国为县，的确是以之赐给大夫作为采邑。《左传》闵公二年（前661年）有云："晋侯作二军，公将上军，太子申生将下军，赵夙御戎，毕万为右，以灭耿、灭霍、灭魏。还……赐赵夙耿、赐毕万魏，以为大夫。"从这一记事中，还不大能明白耿、魏是大夫采邑还是国君掌握的公邑。但《左传》文公五年载有霍伯其人，霍伯即先轸之子先且居，说明霍为先且居之封邑。由霍的地位以律耿、魏，则此两邑也可能是赵夙与毕万的封邑。这种封邑与过去分封同姓的"大夫立家"性质不同，其表面形式是派异姓大夫去对新邑实行管理，因此这种封邑可能只是食邑的性质，并非锡土而呈相对独立状态。这一做法是当时晋国中央集权制度已经有所加强的必然结果。晋献公之时，有"骊姬之乱，诅无畜群公子，自是晋无公族"。群公子既被杀，公族不存，宗法制于是被破坏，采邑制也受影响，而中央集权则得到加强。晋献公的集权行动是靠异姓大夫的支持才取得胜利，因此对他们必须有所酬报。而与此同时献公又"并国十七，服国三十八"，于是这些小国如耿、霍、魏等，就不再作为采邑，而是派异姓大夫管理，这是地方行政制度产生的端倪。

到晋文公时代，则更进一步，明确地以"异姓之能，掌其远官。以诸姬之良，掌其中官"。中官与远官其实即后世的中央官员与地方官员之分，远官就是地方官的意思。所以就在新领域——南阳之田中设县而命县守。《左传》僖公二十五年（前635年）记晋文公平王子带之乱，周襄王因与之阳樊、温、原、攒茅之田（据《晋语》则为南阳阳樊、温、原、州、陉、絺、钼之田）。而后，晋文公就任命赵衰为原大夫，狐溱为温大夫。在正式任命以前，晋文公还曾征询以何人为原守合适，有人以赵衰为荐。虽然《左传》此处未明确说设县之事，但由设守之事可推而知之，且温县后来明见于赵氏口中[1]，周襄王所与晋文公之赏田位于太行山以南，河水以北地区（仅一小部分在河以南，秦汉时称之为河内）。晋文公在其中立县置大夫，这些县的前身从西周以来就是大夫的采邑，而晋以之置县后，虽仍存在邑的形式，却又不是采邑，似是国君的直属地。在南阳之田中，温与原是两个最大的邑，我们且来具体分析其长官，即县大夫的任命情况。

温县是春秋时期最引人注目的县，在《左传》一书中凡二十见。由该书记载，可以看到，温最早是周大夫苏忿生之采邑（隐公十一年、成公十一年），晋文公以之置县后，先是以狐溱为县大夫（僖公二十五年），而后继者却是阳处父（文公五年），再后又及于郤至（成公十一年，郤至因此被称作温季），接下来却是赵氏（昭公元年）。可见温县大夫并非世袭，国君可以调换人选。但必须说，温县也还不完全是后世的县，因为据《左传》昭公元年所记，赵氏在该县建有祖庙。

再看原县。其第一任大夫确是赵衰（《左传》僖公二十五年），但继任者并非其子赵同。据《左传》，僖公二十八年即有原轸将中军的记载，距赵衰始任原大夫只有三年。原轸即先轸，因其在原县任大夫，故称原轸（旧释原邑为先轸之食邑，未必合适），就像后来的赵同称为原同一样。倒是赵同什么时候任原大夫，于史无征。《左传》

---

[1]《左传·昭公三年》载赵文子云："温，吾县也。"

成公五年记"原、屏放诸齐",原即指原同,亦即赵同,其为原大夫当在此前。成公八年,赵同被诛,原县自然成为公邑。至昭公七年,韩宣子又以州邑与乐大心交换原县。由此可知不知何时,原县又归了乐氏。

以此看来,温、原两县都数易其主,并非大夫的世袭采邑。退一步说,即使是赐给大夫的食邑,也是国君可以随便予夺的,具有国君直属地的性质。下面的例子更能说明这个推论。

《左传》成公十一年载有郤至与周争鄇田之事例。鄇是温之别邑,郤至是温的大夫,不愿鄇成为周之别邑。直到晋侯让郤至不必争,才算了事。此又可见无论温或鄇都是国君的直属地,亦即公室的邑,而不是大夫私人的采邑,所以晋侯可以命令郤至不要争田。

上述情况说明晋县的地位在春秋中期已经逐渐起了变化。虽然灭国为县与南阳之田诸县都是边县,但性质已有不同。变化似应在春秋后期产生。

但春秋中期的晋国,也并不是所有的县都变成公邑,还存在大夫的采邑。如楚的申公屈臣奔晋,晋先以其为邢大夫,后其子又世袭为邢伯或邢侯,则是明确以邢作为采邑。

晋、楚的边县虽然具有国君直属地的性质,而且其长官县大夫和县公并非世袭。但其基层组织尚未经过重新改造(即尚未从氏族组织改造成为什伍乡里),且县的幅员未经过有意识的划定,故还未成为郡县之县。晋的边县还有别邑,如温的别邑有鄇有州,似乎还经过规划,而楚县完全是以国为县,旧国与新县之间除了主人换了以外,尚无行政组织方面质的变化,甚至口头上仍称县为国。如楚灵王问右尹子革道:"诸侯其畏我乎?"子革说:"畏君王哉,是四国者,专足畏也。"(《左传·昭公十二年》)所谓"四国"即指为楚灭国所建的陈、蔡及东西、不羹四县。后来楚平王篡位，为了平息舆论，让陈、蔡两县复建为国，也未出现任何实质性的变化。所以春秋楚县虽为国君之直属地，但这只是开始脱离封建制的标志，还远未成为郡县之县。而且因为楚县的地域太大，又以世族为县的长官，专权过甚，就有引起叛乱的危险。楚大夫申无宇举了许多例子证明"末大必折，尾大不掉"的道理，并明确地说"夫边境者，国之尾也"，以此警告楚灵王（《楚语》及《左传》昭公十一年），但灵王未加重视，终至死于蔡县县公的叛乱中（《史记·楚世家》）。春秋时，楚只是在边境地带灭国为县，其内地不曾置县，与晋不同，因此从楚的边县不大看得出由县邑到郡县的变化过程，这一过程主要发生在晋国。晋不但在边地灭国为县，以周王所赐南阳之田设县，而且在内地还改造大夫的采邑为县，这才大大地促进了县邑朝郡县方向的转化。

以上对春秋资料的分析表明，秦是否有县邑之县，尚属可疑。楚则只在边境置县，唯有晋之县邑普及全国。

三、春秋时其他诸侯国之县邑制

春秋时期除了上述秦、楚、晋、齐等国在文献里有着与县有关的记载外，吴国也有一条相关的史料。《史记·吴世家》云："王余祭三年，齐相庆封有罪，自齐来奔吴，吴予庆封朱方之县，以为奉邑。"不过此事于《左传》襄公二十八年但云"吴句余予之朱方"而已，未出现有县字。然其时县邑通称，书县与不书县未必有绝然的分别。此外还有一重要现象是，有些诸侯国的地方组织虽称邑，但其性质却与县无异，鲁国的情况就是这样。

先是鲁大夫之家臣亦有食邑或食田，《左传》成公十七年："施氏之宰有百室之邑。"襄公二十九年："公冶致其邑于季氏，而终不入焉。"这些邑与县邑之县相似。大夫派士去治理封邑以外的别邑，称邑宰。如《论语》里就有鲁国大夫季氏使孔子之弟子闵子骞为费宰，子游为武城宰，子夏为莒父宰的例子（《论语》之《雍也》及《子路》篇）。费、武城、莒父都是当时的邑名。县的长官也称宰，孔子自己也曾被鲁定公命为中都宰（《史记·孔子世家》）。县宰由诸侯任命，比大夫任命的邑宰地位要高。但在齐、鲁，县之长官一般称大夫。

四、从县邑之县向郡县之县的转型

郡县之县与县邑之县至少应该有四个差别：一是郡县之县不是采邑，而完全是国君的直属地；二是其长官不世袭，可随时或定期撤换；三是其幅员或范围一般经过人为的划定，而不纯是天然地形成；四是县以下还有乡里等更为基层的组织，这正是战国时期县的基本特征。这些差别的形成正表明了从县邑之县过渡到郡县之县过程的完成。任何制度都不是一蹴而就的，同样的道理，这一过渡时期也是漫长的。

楚的内地在春秋时期大约始终没有设县，而保持着封建形态的国野制度。前面已说到楚灵王众叛亲离的时候，其右尹先是劝他"待于郊以听国人"，显见楚在内地未曾设县，所以我们难以把楚国春秋时期的县与战国时期的县衔接起来，看出楚国的县邑之县如何转化为郡县之县。而晋国却不一样，在边境与内地都普遍设县，于是这一转化过程就在春秋后期显示出来了。显示这一转化过程的标志性事件发生在晋顷公十二年（前514年），这一年晋国异姓大夫之间发生了一起著名的兼并行动。韩、赵、魏、知、范、中行氏六家大夫联合灭了祁氏与羊舌氏两家，于是"分祁氏之田以为七县，分羊舌氏之田以为三县"。任命十人为县大夫，即"司马弥牟为邬大夫，贾辛为祁大夫，司马乌为平陵大夫，魏戊为梗阳大夫，知徐吾为涂水大夫，韩固为马首大夫，孟丙为盂大夫，乐霄为铜鞮大夫，赵朝为平阳大夫，僚安为杨氏大夫"。这些人之所以当上县大夫或因有功而受禄，如贾辛与司马乌是"有力于王室"；或因是世族子弟而受荫，如知、赵、韩、魏四人是掌权四家大夫之余子；其余四人则是因为贤明而被推举。

其时晋国是魏献子当政，魏戊是其庶子，戊被任为县大夫，魏献子还担心有人讲闲话，问另一大夫成氏道："吾与戊也县，人其以为我党乎？"成氏列举魏戊之善，而后说："虽与之县，不亦可乎！"这不但说明其时大夫之子虽有优先出仕之特权，但受命者尚需有才有德才行，还可见此时之县大夫已不都是食采之人，而是如同后世的官僚。上述十县也并不是采邑，若是采邑，则尽可属之以亲戚，不必防备闲言了。说这些县不是采邑，还有两个证明：第一，县大夫都要到该县履职，并非待在国都而享受该县之采。贾辛在去祁县前朝见魏子，魏子说："行乎，敬之哉，毋堕乃力。"这完全像是后代知县陛见时，皇帝勉励的话。再者，魏戊到梗阳后，有一件案子无法处理，就转报中央定夺。这一方面表示魏戊是国君的命官，同时又表明中央与地方之间存在行政关系。若是依照封建制，则大夫的采邑是与诸侯无关、相对独立的实体，无须将案子上报。更有甚者，魏献子本来想接受贿赂，曲断此案，却被魏戊使人所劝阻，更说明连在中央执政的魏献子也不能将梗阳当作自己的私邑。

上述以亲举者之四人，及有力于王室之两人自然都是魏献子所熟悉的，只有以贤所举之四人于魏献子素不相识，所以"皆受县而见于魏子，以贤举也"。这又说明这四人的任命与宗法制无关,而且举贤不举亲,正是官僚制区别于封建制的特点之一。

以上是从官僚制产生的角度来分析,若从行政区划的出现来看,这十县的分划也同样是标志性的。无论是楚还是晋,起初都是简单地以国为县(如楚之实县申、息),或是以邑为县(如晋之温县、原县),并不对这些国或邑加以地域上的改造(别邑是否一种改造方式,现在尚不明。州一说是温之别邑,但据《晋语》,周王所与晋国南阳之田中已有州邑),既不改造,则县与县之间的幅员与所包含的人口可能相去甚远,于行政管理不便。后世的政区在层级、幅员与边界的划定方面都有一定的规范,如秦代就规定了县大率方百里的幅员。晋国新置的这十县是由大夫的封建采邑重新疆理而设置,如羊舌氏原来是两邑之地,这时划为三县,说明是朝着正式政区迈进了一大步。

当然十县大夫的任命还处于过渡阶段,因为十人之中,有四人是四家有权势的大夫之子,这是权力平衡的政治措施。而且县以下的基层组织是否经过改造,还不清楚。县大夫是食禄,还是另有采邑,也还不明朗。但无论如何,地方官员和行政区划的雏形却在这里出现了,因此完全可以把公元前514年,晋国设置十县的行动作为地方行政制度萌芽的标志。

县是县鄙,县是县邑,县是郡县。由县鄙得县之名,由县邑得县之形,由县的长官不世袭而得郡县之实。这或者可以看成县制成立的三部曲。对应于县邑之县与郡县之县的差异,县的长官则有食禄而不食邑,临民而不领土,流动而不世袭的特点。

采邑(私邑,相对独立、封建制),食邑(公邑,在封建与郡县之间),食禄(郡县制);有土有民(采邑),

有民无土（公邑），临民而治亦即无土无民（郡县）。这则是县制成立的另外两种三部曲的表现形式。

郡县的产生可能经过两个阶段，第一阶段是食田的县制代替了食邑的采邑制，第二阶段是食禄的郡县两级官僚制度更趋于完善。《晋语》载："大国之卿，一旅之田；上大夫，一卒之田。"这是食田之制。栾武子便有一卒之田，这是俸禄制的萌芽。这种食田，一般是任职授与，去职交还。

但地方行政制度的形成并不单是地方一头的事，同时也是中央集权已经产生的标志。只有中央对地方有强大的控制力，才有任命非世袭地方官员的可能，否则即使有新领土也必然要走封建的老路。而此时的晋国，已是中央集权的诸侯国。经过献公时代清除群公子的措施，晋国已将权力集中在国君手中，不会再出现过去两晋并立的情况。但为了集权，为了扫清同姓分裂的隐患，晋国的国君不得不利用异姓大夫的力量，从而使这些异姓大夫的势力逐渐强大起来。当国君能力较强时，他只是利用这些大夫轮流执政，不至于出现其他问题，如晋文公就因权力的集中与对臣下驾驭的得当而称霸。但执政大夫权力太大，毕竟要影响国君的专权，所以到晋厉公时企图收回执政大夫的权力，而实行君主专权，但未能成功。此后异姓的世族大夫始终牢牢地控制着晋国的中央权力，各家大夫之间则轮流执政并互相兼并。国君无权并非等于不存在中央集权形式，只是权力集中于执政者手里，而不在国君手里而已。这在春秋后期是一个普遍性的问题，一方面是中央集权制的萌芽，另一方面却是国君权力的丧失。这就是孔子所说的"陪臣执国命"的阶段。西周时期是礼乐征伐自天子出，春秋中期以前则自诸侯出，到此时，则是从大夫出了。世袭的领主制无可奈何地让位给了官僚地主制。

（本文原载《中国历史地理论丛》1997年第3期，收入本文集时略加订正。）

长治与久安

从汉代"部"的概念释县乡亭里制度

《汉书·百官公卿表》云:"大率十里一亭,亭有长。十亭一乡,乡有三老,有秩、啬夫、游徼……县大率方百里,其民稠则减,稀则旷,乡、亭亦如之,皆秦制也。"对这段话最简单的演绎必然是:汉代县以下的地方行政组织是积里为亭,积亭为乡,积乡为县。但这样演绎要遇到一个困难,即汉制一里大约百户[1],层层累积,则每乡已有万户之众。而秦汉制度万户以上称为大县,显然与此演绎存在矛盾。然而自南北朝以来,人们对于汉代县乡亭里关系的认识一直如此,虽有矛盾而置之不理。《宋书·州郡志》曰:"汉制……五家为伍,伍长主之;二五为什,什长主之;十什为里,里魁主之;十里为亭,亭长主之;十亭为乡,乡有乡佐、三老,有秩、啬夫、游徼各一人。"清人俞正燮更进一步说:"汉则五家为伍,十家为什,百家里魁,千家亭长,万家乡三老、啬夫。"[2]虽然清初顾炎武已看出这样演绎有问题,提出汉代的制度是"以县统乡,以乡统里",但又无由否定"十里一亭""十亭一乡"的白纸黑字,陷于进退维谷的境地。[3]而耐人寻味的是乾嘉诸儒及清末民初的学者——尤其是一代大师钱大昕与王国维,对汉代县以下制度都不置一词(王氏只言及亭燧之制而不及乡亭里关系),不知是无暇顾及还是知难而退。要之,直到20世纪30年代以前,对于汉代的县乡亭里制度基本上未展开深入的研究。

---

1 《续汉书·百官志五》。
2 《癸巳类稿》卷十一。
3 《日知录》卷二十二。

20世纪30年代以后,随着制度史研究的深化,县以下行政组织的结构引起众多学者的关心,于是对上引《百官公卿表》那段话各自进行诠释,开展争论,至今已历时60余年,牵涉到的中外学者不下数十位,论著不下数十种。然而这场争议并未结束,于今尚无一致的定论。若把数十种意见归纳起来,主要是三大类:第一类以冈崎文夫为代表,他将《百官公卿表》的表述与《汉官仪》做比较,认为"十里一亭"的"里"是道里之里,但同时又不放弃旧说,承认"县—乡—亭—里"的逐层统辖关系,结果无法自圆其说[1];第二类以王毓铨为代表,否定存在"十亭一乡"的制度,认为"十亭一乡"不过是"十里一乡"传抄之误,而"十里一亭"则是交通与警察制度,此处之里是道里之里,不是乡里之里[2];第三类以日比野丈夫为代表,认为积亭为乡从地域角度来看是完全可能的,同时里也可以包含在亭部之中。只要放弃一里百户和乡亭里的十进统计关系,就不存在任何矛盾了。[3]

这三类意见反映了研究步步深入的三个阶段。第一类意见虽已看出"十里一亭"是交通制度,但无法在交通、警察制度("十里一亭")与行政制度("十亭一乡")之间搭一桥梁,只好沿袭旧说,不能解决问题。第二类意见开辟了一条新思路,但认为《百官公卿表》传抄错误则过

---

[1] 参见冈崎文夫:《魏晋南北朝通史》,东京:弘文堂1932年版;劳干:《汉代的亭制》,载《历史语言研究所集刊》第22本,1950年;严耕望:《中国地方行政制度史》,载《历史语言研究所研究专刊》,1961年,其中阐述的观点与冈崎氏相类,但严先生已注意到亭部的概念,唯未能将之与"十亭一乡"相联系。

[2] 参见王毓铨:《汉代"亭"与"乡""里"不同性质不同行政系统说》,《历史研究》1954年第2期。王先生在文章的注释中已提到亭部"想系指亭的辖地而定",但未意识到亭部是乡的区划,因此于"十亭一乡"仍置之不理。

[3] 参见日比野丈夫:《乡亭里についての研究》,原载《東洋史研究》第14卷第1、2合并号,1955年,又作增补载其所著《中国历史地理研究》,东京:同朋舎1977年版。在日比野氏之后宫崎市定又有一种新意见,以为县、乡、亭是本质相同的聚落,所以如果不拘泥于"十"这个具体的数字,那么"十里一亭""十亭一乡"与"十里一乡"在某种意义上都可以并行不悖。此说法显然过于勉强,可存而不论。但宫崎氏又认为亭所辖是十里见方的一块地域,却是不错的(见宫崎氏所著《アジア史論考》,朝日新闻社1976年版)。

于武断，于情理不合。若真改"十亭一乡"一语为"十里一乡"，不但与上文口气不相衔接，亦无由解释班固何以要将不相关的两个系统写在意思连贯的一段话里。第三类意见注意到亭部的地域概念，使"十乡一亭"有可能成立，又前进了一大步，但对"十里一亭"的解释仍回到老路上，有勉强凑合之嫌。由于以上这些见解都无法圆满地诠释《百官公卿表》表述的史实，只能各执一端，且不能自坚其说，必须要以某种假设做前提（王说假设文献有误，日比野说假设制度和统计有别），因此谁也说服不了谁。有鉴于此，本文企图从另一个角度来做出解释，为此须先从汉代"部"的概念说起。

秦始皇统一天下之后，在全国推行郡县制，郡和县都是行政区划，是与行政管理制度有关的地域概念。汉代承继这一制度，只不过增设了与郡平行的王国、与县平行的侯国而已，表面上看来变化不大。但实际上，西汉时期在改革监察制度的同时，逐渐产生了处在郡（国）县制背后的、层次分明的监察地域的概念，长期以来为人所忽视。秦的监察制度至今尚不十分清楚，只能稍做推测。《史记·秦始皇本纪》载："二十六年（前221年），分天下为三十六郡，郡置守、尉、监。"虽然守、尉、监并提，但前两者是地方官员，而后者则是中央官员，不然如何执行监察任务？由此记载又可看出秦代的监察区是与行政区重合一致的，郡既是施政区域，同时也是监察区域。到了西汉，监察制度就比较清晰，并且有了某些根本的变化。清晰的是监察官员的层层派出：监察郡守的刺史由中央派出，监察县令长及其属吏的督邮由郡派出，监察一般百姓的乡官部吏由县派出。有根本变化的是监察区与行政区的分离：部是监察区，而郡、县、乡是行政区。第一层监察区是刺史部和司隶校尉部，每一部监察数郡；第二层监察区是督邮部，一郡往往分成两至五个督邮部，分别监察数县至十来县不等；第三层是县以下所分出的廷掾部，以监察属下的乡；第四层则是乡以下的亭部，理论上每乡分为十个亭部，以监察位于部内的里。

四层监察区中刺史部最为人所熟知，督邮部次之，亭部又次之，廷掾部的存在最为模糊，而由这样四个层次的部所组成的监察地域系统则很少引起人们的注意。这个系统与郡县制的关系可表示如下：

图 1　监察地域系统与郡县制的关系

郡、县、乡、里之间有统辖关系，故用实线连接；各部之间并无统辖关系，故以虚线维系。看了上面的图式，大约就会明白上引《百官公卿表》那段话的含义了。

先说"十亭一乡"。在秦汉的地方行政组织系统中，郡、县、乡三级都是既有地域又有户口的，到了里一级则只有户口而无地域了。里只是一个有围墙、有里门的居民点而已。因此乡以下的地域分为亭部。换句话说，郡是国家的区划，县是郡的区划，乡是县的区划，而亭部则是乡的区划。大致说来，一个乡划成十个亭部，而亭部又可省称为亭，这就是所谓"十亭一乡"的意思。而实际上在每个亭部上都设有亭的机构与建筑，故"十亭一乡"的"亭"，无论当其为亭部还是当其为亭都没有问题。《百官公卿表》所说的"乡亭亦如之"，就是说明乡亭与县一样，在分划地域范围时，户口多些的地域就划得小些，户口少些的地盘就划得大些。如果亭（实即亭部）不是地域概念，这句"乡亭亦如之"的话就说不通了。同时，汉代又有"国家制度，大率十里一乡"的记载[1]，这是从乡所包含的居民点来说的。所以里（居民点）与亭部是相对应的，是平行并存的。也就是说，一般而言，是在一个亭部的范围里容纳着一个里。里是用来体现户籍的，而亭部则是用来体现地籍的。

再说"十里一亭"。此处之里是道里之里，也就是说每十里路设有一亭。传统的理解则认为此处之里是乡里之里，以为秦汉的制度是积里为亭，再积亭为乡，而后积乡为县，这就必然要产生万户乡的毛病，所以这个里必定是道里之里。问题是班固在说这段话时行文的口气是一贯的，如果上文说的是道里制度，而下文又说的是地域概

---

[1] 《续汉书·百官志五》，引应劭《风俗通》。

念,好像串不到一块。所以历来解释《百官公卿表》这段文字的都很难自圆其说。其实再仔细推敲,道里制度与地域分划两者之间有一定的关联,而居间搭桥的正是"亭"。请看下图:

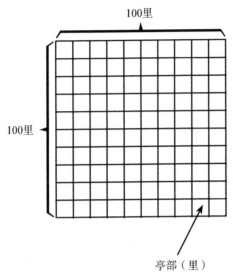

图 2 县的地域结构图

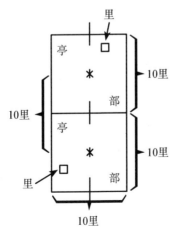

图 3 亭部细图

这是一个理想县的地域分划图。秦汉制度"县大率方百里",这"大率"就是一种理想,在北方一马平川的形势下可以大体上得到贯彻,在南方多山地带就得变通。但行政制度都是按标准状态设计的。方百里就是百里见方,长宽各百里。而这方圆百里的范围内正好可以划分成100个里(居民点),每个里若有100户,全县正好万户,这是标准县的户数,以上为大县,以下则为小县。所以"县大率方百里"与县辖有100个里是一致的(这或许就是为什么道里之里与居民之里是同一个字的道理)。上文已提到,里(居民点)与亭部是对应的,100个里对应着100个亭部,每个亭部就是方圆十里,亦即长十里宽十里的地域。每个亭部设一个亭,有一个亭长,"司奸盗";并有一个亭舍,接待来往官吏。由于亭部长宽各十里,因而这个亭又可兼作道路上"十里一亭"的亭,亭长既负责一亭部的治安,又兼顾十里道路上的邮递事宜,这不正符合了"十里一亭""十亭一乡"的制度了吗?因此上图中每个小方块相当于一个亭部,其中容纳着一个里(亭部细图中的小方格),星点则代表亭。

当然,借用物理学上的术语来说,上面所说只是一种标准态。现实中则是这一标准态的各种变态。例如,每里不一定是百户。从长沙马王堆出土的《驻军图》看,在标明户数的里中,最高的一里是108户,最低的里只有几户,有40%的里在30至60户之间。但这是边区,并且是丘陵山地地带的情况,平原地带应该规范一些。当然无论如何规范,每乡亦不见得都是十里或千户,每县更不一定是十乡或万户。而除了北方少数的例外,也恐怕很少有哪一个县是标准的棋盘状。因此,县、乡、亭(里)三级组织的数量比例不可能是完全的十进制。据《百官公卿表》载,西汉末年"凡县、道、国、邑千五百八十七,乡六千六百二十八，亭二万九千六百三十五"，则平均每县不到五个乡，每乡亦不足五个亭。县多而乡少，有一个很重要的原因是大量的侯国——这些侯国再小也是县级单位——其实只有一乡甚至不足一乡之地的缘故。乡多而亭少的原因不是很清楚，但恐怕与交通路线有关。实际上重要道路不可能布满于各里之间，有些偏远的里也许只有不设亭驿的阡陌式小路，在这样的情况下亭就减少了，但里倒不一定减少，也许在一个亭部的地域内含有一个以上的里。

虽然县、乡、亭在总数上不符合名义上的十进制，但并不影响"十里一亭""十亭一乡"制度的规定，因为制度的设计总是要按一定的模式来进行的，这个模式是以当时政治、经济、文化重心所在的地区为背景来建立的。在秦汉时代，这一地区就是黄河中下游平原。譬如说，县的幅员何以要规定为百里见方？这个问题似乎从来没人问过，史书上亦无现成答案，但想来是为了劝农、收税与诉讼的方便。假设县治是在该县的几何中心，则从该县的边缘到县治的直线距离是50里，约略是今天的17公里半，这样的距离对于步行者来说，恰好是一天可以走一来回的路程。过大过小都不合适，所以规定为方百里。但这一标准肯定是以黄河中下游平原人口适中的地区为背景制订的，在人口过密的经济发达地区或南方山区与边郡空旷地带，方百里的制度必定实行不了，所以才需要以"其民稠则减，稀则旷"的补充原则来做调整。"十里一亭"与"十亭一乡"的比例关系也与此相同，必定是实行于标准背景下，如果是在人口稠密地区，譬如西汉颍川郡每县平均两万余户，济阴郡每县三万余户的情况下，则每乡恐怕不只十亭；而在如上谷郡、合浦郡那样每县平均只有两三千户的情况下，一乡自然不及十亭。看来在全国范围内，一乡不足十亭的情况很普遍,所以平均起来是乡多而亭少。

中国制度文化的特点之一就是高度的规范化。例如《周礼》陈述的一整套严密有序的行政制度在当时的世界上是无与伦比的,但《周礼》的规范并不见得全推行于实践之中,有些恐怕始终停留于书面上。"十里一亭"与"十亭一乡"制度必定也是规范意识的产物,我们的意图是证明这一制度在实际上可以行得通,而不是要证明它适合于汉代全境的任何地区。所以县、乡、亭在总数上不符合十进制,并不能否定"十里一亭""十亭一乡"制度的实际存在。

汉代的县乡亭里制度,如果依上面的解释看来既简单,又与各种文献不相矛盾,在汉代肯定习以为常,认为是很普通简单的制度,所以班固未曾详细介绍,只用一句话就带过,想不到后人对之百思不得其解。60年来对县乡亭里制度的讨论虽不断深入,但仍未能解决问题,其症结在于从前的思路都只在"亭"属于什么性质的组织上面打转转,未从地域概念方面去把握它;而当有的学者已注意到亭(亭部)的地域意义时,又未能将亭的双重身份——道路上每隔十里一座的亭与管理亭部的亭——统一起来。一旦这两方面的思路打开,问题好像一下子显得十分简单了。

上面为了便于说明"十里一亭"和"十亭一乡"的实质,所以对"部"的存在与其性质只做结论性的叙述,未曾详细论证。以下就来依次补充说明。

一、刺史部。汉武帝元封五年(前106年),设十三刺史部,每部监察四五郡至九十郡不等。[1] 后又设司隶校尉

---

[1] 参见拙文:《汉武帝十三刺史部所属郡国考》,《复旦学报(社会科学版)》1993年第5期。

部，察三辅、三河、弘农七郡。两者合而为十四部。东汉省朔方刺史部，成十三部。因十三刺史部中有十一部以某州命名，故又习称十三州，又常简称为州部或部，如冀州刺史部可称冀州，亦可称冀部。刺史秩六百石，以六条问事，主要监察对象是秩两千石的郡国守相。除了两汉部的数目有所不同，及汉武帝初置刺史部时所辖郡目这两方面不大为人所知外，刺史部制度久为治史者所熟知，无须赘述。

二、督邮部。督邮部是假定的名称。在郡国守相的属员中有督邮一职，起着监察县令长及其属吏的作用，即所谓"（守）相以督邮为耳目也"[1]。小郡可以不分部，由督邮一人巡行各县以司监察之责，大郡则需分部监察。如《汉书·尹翁归传》载，田延年为河东太守，分所部二十八县为两部，"闳孺部汾北，翁归部汾南"。尹翁归为宣帝时人，督邮分部的记载最早见此。所分之部不像刺史部那样有专称，姑仿刺史部之例名之曰督邮部。东汉以后，督邮分部记载甚多。《续汉书·百官志》云："其监属县，有五部督邮，曹掾一人。"虽不见得每郡都分五部，但分部必定已很普遍，故五部督邮已成定名。亦有作四部督邮，或作三部督邮者。[2] 督邮权力很大，以监察县令长为主，甚至郡太守要驱逐县令亦要假督邮之手。《后汉书·陈球传》载，陈球任繁阳县令时，魏郡太守向其索贿不得，遂怒而挞督邮，欲令逐球，然遭拒绝。督邮也兼察乡官部吏。《后汉书·钟离意传》言钟离意为郡督邮时，有某亭长受人酒礼被记录在案，本来应受处分，不料钟离意览此记后却建议太守不予追究。

三、廷掾部（或称五官部）。廷掾部也是假定的名称。

---

[1]《北堂书钞》卷七十七，引谢承《后汉书》。
[2] 参见《汉官》及《后汉书·高获传》，注引《续汉书》。

此部的存在最为模糊。在县令长的属员中有五官一职，《续汉书·百官志》曰："五官为廷掾，监乡五部，春夏为劝农掾，秋冬为制度掾。""监乡五部"应该是将县所属诸乡分为五部进行监察的意思。但五部恐怕也是虚词，与五部督邮一样，不必尽有其实，只表示有分部监察的做法而已（因为五是表示东南西北中各方位都占全）。而且属乡不多的县亦不见得都分部。同时廷掾的责任也是两兼的，既负责监察，起制度掾的作用；又负责劝课农桑，发挥劝农掾的功能。监察的对象应是乡吏亭长一类。

四、亭部。亭部的存在历来不大受重视。除少数学者外，在讨论县乡亭里制度的文章中不大提及亭部这个重要概念，只侧重于亭的分类与性质的讨论。两汉亭部的实质由《汉书·张禹传》的一段记载可以看得很清楚，故先抄录如下：

禹年老，自治冢茔，起祠室，好平陵肥牛亭部处地，又近延陵，奏请求之，上以赐禹，诏令平陵徙亭它所。曲阳侯根闻而争之："此地当平陵寝庙衣冠所出游道，禹为师傅，不遵谦让，至求衣冠所游之道，又徙坏旧亭，重非所宜。孔子称'赐爱其羊，我爱其礼'，宜更赐禹它地。"根虽为舅，上敬重之不如禹，根言虽切，犹不见从，卒以肥牛亭地赐禹。

由这段话可看出肥牛亭部是平陵县（正式名称是平陵邑）的一部分地区，亭部之内设有一亭（即肥牛亭），该亭归平陵县管辖；当亭部之地被赐给张禹私人以后，这个官家之亭就要迁到其他地方去。而且肥牛亭原先是位于平陵（汉昭帝陵）寝庙衣冠出游道上的，现在亭既迁往他处，衣冠出游之道也得随之改变了。很显然，肥牛亭部的地域性以及肥牛亭部与肥牛亭的关系，还有肥牛亭与道路的关系在这段记载里是表现得一清二楚了，而这些关系正如在前文所已揭示的那样。最后还应该注意到，在上面的引文中，赐给张禹的肥牛亭部地，在后来重提时简称作"肥牛亭地"，这正意味着"亭部"在许多情况下都被简称为"亭"，所谓"十亭一乡"实即十个亭部组成一乡的意思，完全是地域概念而没有任何户籍的意义。

亭部的地域意义还表现在其他方面，如两汉的买地券在申明土地的所在时总要标明是位于某某亭部的范围内[1]，居延汉简在说明地域范围时也常使用亭部的概念[2]，陵墓所在、祥瑞所现也多用亭部来表示[3]。亭部在某些情况下也简称为部。《后汉书·左雄传》载左雄所上疏曰"乡官部吏，职斯禄薄"，建议"乡部亲民之吏，皆用儒生清白任政者"。这里的"乡官"即指三老、有秩、啬夫、游徼之属，"部吏"即指亭部之吏，即亭长、亭父、求盗一类。乡与亭部一起又常合称为"乡部"。《汉书·贡禹传》云："乡部私求，不可胜供。"此处的部即指亭部，与上文的"乡官部吏"相对照便可明白。日比野丈夫等日本学者以为"乡部"即乡，是一种误会。亭部之首脑是亭长，有时也称为部亭长[4]，犹如部刺史一般。其主要责任是"司奸盗"，实则包含监察一般百姓的意思。同时由于亭长是县政府派驻各亭部的亲民之吏，故也兼做部分简单的平讼

---

[1] 如曹仲成买地券："光和元年（178年）……平阴都乡市南里曹仲成，从同县男子陈胡奴买长谷亭部马领陌北冢田六亩……"（日本书道博物馆藏，见仁井田升《漢魏六朝の土地賣買文書》所引）。
[2] 如"三月余口粟一千九百六十八三钧十斤……千石积高沙亭部，千七百八石积陷陈亭部，千六百八十七石积箕山亭部"（178.5）。
[3] 前者如《汉书·哀帝纪》载："建平二年（前五年）七月，以渭城西北原上永陵亭部为初陵。"又如《后汉书·琅邪孝王京传》载："（京）薨东海侯丘广平亭，有诏割亭部属开阳。"此处之"广平亭"实为广平亭部的省称，如同肥牛亭部处亦可省称为肥牛亭地。后者如《后汉书·章帝纪》载，元和二年（85年），"九月壬辰，诏凤凰黄龙所见亭部无出二年田赋"。
[4] 《后汉书·卓茂传》载："人尝有言部亭长受其米肉遗者，茂辟左右问之曰……"

工作。

需要再次强调亭或亭部是不辖里民、不管户籍、没有户口的。除了传统说法"千家亭长"明显错误外，还有因东汉分封亭侯而误以为亭有户口的，这个误会从顾炎武开始到今日一直存在，故须略赘数语。西汉封侯一视同仁，无论功臣侯、外戚恩泽侯还是王子侯都是一个级别，侯国都是县级单位。东汉稍变其制，封侯分为县侯、都乡侯、乡侯、都亭侯、亭侯数等。乡侯、亭侯都是级别的象征，而并非一乡之侯或一亭之侯的意思。例如袁安封安国亭侯，食邑500户，有人以为现实中有一安国亭，其户口有500户。其实不然。安国亭侯的意思是"安国—亭侯"，而不是"安国亭—侯"。虽不排除袁安封在安国亭的可能，但其所封地域不必一定是安国亭的范围，而是以安国亭为核心，划出包含500户人家所出租税的地域范围来，作为安国亭侯的封域。即使所封恰好是安国亭部的范围，其中的户口也不归亭所辖，而是属所在的乡里所管。

最后还要重申一点：亭部与其他三部还有一点不同之处。刺史部等三部是纯粹的监察性质的地域概念，而亭部还有上面已经提及的作为乡的区划作用。换句话说，乡及乡以上的县和郡包含有户籍与地域双重概念，而乡以下这两重概念分别由里和亭部来体现。或者说，郡是积县而成，县是积乡而成，而乡严格地说是积里与亭部而成。所以在文献中有时是郡县乡里并提，有时却又是郡县乡亭并提，出发点不同而已。在东汉成书的《太平经》中有两段话不大引起人们的注意，却又透露了县乡亭里制度的实质，特引如下，以作本文的结束。

其第四十五卷云："今一大里有百户，有百井；一乡有千户，有千井；一县有万户，有万井；一郡有十万户，有十万井；一州有亿户，有亿井。"这是从户籍而言的，所以顺序是"州—郡—县—乡—里"。第八十六卷云:"夫四境之内有严帝王,天下惊骇,虽去京师大远者,畏诏书不敢语也;一州界有强长吏,一州不敢语也;一郡有强长吏,一郡不敢语也;一县有刚强长吏,一县不敢语也;一闾亭有刚强亭长,尚乃一亭部为不敢语。"这是从地域角度而言的,所以顺序是"州—郡—县—(乡)—亭部",只不过中间漏脱了乡一级而已。

读了这两段话,县乡亭里制度应该说是清楚无疑了。

长治与久安

《圣谕》《圣谕广训》
及其相关文化现象

前些年在北京买到一部活字版（雅称叫聚珍版）的《圣谕广训衍》，觉得很有意思，就想寻其本末，追其究竟，结果才知道原来"天天读"这类现象，也是古已有之，并非尽是今人的发明。所谓《圣谕》，指的是康熙皇帝的十六条教导，发布于康熙九年（1670年）。所谓《圣谕广训》则是雍正皇帝对十六条《圣谕》的阐释，颁行于雍正二年（1724年）。围绕着《圣谕》与《圣谕广训》，曾发表刊行过一些重要的诠释或讲解性的著作，这些著作大量翻刻行世，蔚为大观；同时，《圣谕》和《圣谕广训》本身又成为200多年间全体百姓的行为准则，每逢初一、十五，都要由官方集会宣讲。这两方面构成了清代一个重要的文化现象，但这一现象早已湮没不彰，本文则试图将这一文化现象重新揭示出来，以作为文化史研究应该做的一个小题目。由于文章稍长，故先将节目列于下，以便检索：

一、康熙《圣谕》与雍正《圣谕广训》

二、宣讲《圣谕》与《圣谕广训》制度的确立与松弛

三、讲解《圣谕》与《圣谕广训》的规定与仪式

四、诠释《圣谕》的专著

五、《圣谕广训》的白话讲解著作

六、《圣谕广训》的文言诠释本及其他

七、《圣谕广训》的汉语方言本与民族语言本

八、《圣谕广训》的西文版与和刻本

九、诠释《圣谕》与律法及善书的合流

十、《圣谕》与《圣谕广训》的普遍性及其末路

十一、清代宣讲《圣谕》制度溯源

十二、结语

一、康熙《圣谕》与雍正《圣谕广训》

康熙《圣谕》虽然一共有十六条，但文字并不多，每一条七个字，只相当于两首七律，全文如下（序号为笔者所加）：

（一）敦孝弟以重人伦，（二）笃宗族以昭雍睦，（三）和乡党以息争讼，（四）重农桑以足衣食，（五）尚节俭以惜财用，（六）隆学校以端士习，（七）黜异端以崇正学，（八）讲法律以儆愚顽，（九）明礼让以厚风俗，（十）务本业以定民志，（十一）训子弟以禁非为，（十二）息诬告以全善良，（十三）诫匿逃以免株连，（十四）完钱粮以省催科，（十五）联保甲以弭盗贼，（十六）解雠忿以重身命。

这些教导都是告诉老百姓做人的道理和应遵守的规章制度，如第一条"敦孝弟以重人伦"就是讲做人的道理，而第十四条"完钱粮以省催科"就是说应该遵守的规章了。要求老百姓遵守这些行为规范的目的是维护清朝建立不久的政权。康熙皇帝发布以上《圣谕》时，离清朝入关只有26年，全国尚未统一，南方有三藩盘踞，台湾还在郑氏手中。在前一年，权臣鳌拜刚刚倒台，康熙才亲揽全权，国内形势是治安不良、百业待兴、道义未具，国外还有俄国人入侵雅克萨，觊觎东北地区。因此而定十六条以为国家的安定措施。

发布《圣谕》这一年康熙皇帝只有17岁。十六条可称面面俱到，当是与臣下认真商议的结果。有人以为，康熙的十六条《圣谕》是在顺治皇帝"六谕"的基础上发展而来的。顺治六谕极其简单，即"孝顺父母、尊敬长上、和睦乡里、教训子孙、各安生理、毋作非为"，是照抄明太祖朱元璋的"圣谕六言"的，并不能满足当时治理国家的需要。如果要说十六条是六谕的发展，那也是创造性的发展。官方文件似乎并不认为十六条与六谕之间有延续的关系。《清实录》关于《圣谕》的颁布有如下记载："（康熙九年十月）癸巳（初九），谕礼部：朕维至治之世，不以法令为亟，而以教化为先。其时人心醇良、风俗朴厚、刑措不用、比屋可封、长治久安、茂登上理。盖法令禁于一时，而教化维于可久，若徒恃法令，而教化维不先，是舍本而务末也。近见风俗日敝，人心不古，嚚凌成习，僭滥多端，狙诈之术日工，狱讼之兴靡已。或豪富凌轹孤寒，或劣绅武断乡曲，或恶衿出入衙署，或蠹棍诈害善良，萑苻之劫掠时闻，雠忿之杀伤迭见。陷罹法网，刑所必加，诛之则无知可悯，宥之则宪典难宽。念兹刑辟之日繁，良由化导之未善。朕今欲法古帝王，尚德缓刑，化民成俗，举凡……（以下列十六条条文）以上诸条，作何训迪劝导，及作何责成内外文武该管各官，督率举行，尔部详察典制定议以闻。"这是康熙皇帝告诉礼部必须以十六条为准则督成百姓遵守。这里丝毫不提顺治六谕。一个多月以后，礼部经过讨论酝酿，向康熙做了报告，并得到批复："（十一月）己卯（二十六日）。礼部题：'皇上弘敷教化，特颁十六条，以示尚德缓刑，化民成俗至意，应通行晓谕八旗，并直隶各省府州县乡村人等，切实遵行。'从之。"

这以后，十六条《圣谕》就正式成为各种人等的行动准则，并且形成一种制度，即每逢初一、十五都要由地方官员和军队将领向士绅、百姓与军人讲解《圣谕》的真谛。在讲解过程中还有各种仪式需要遵守，同时还有一些官员对十六条进行解释，写出专著，这在后文将另做详述。

半个多世纪以后，雍正皇帝又对康熙《圣谕》进行演绎，加以阐释，作成《圣谕广训》，以作为军民等各阶层的学习材料。《清实录》雍正二年（1724年）二月丙午条载："初圣祖仁皇帝（即康熙）御制上谕十六条，颁示八旗及直省兵民人等。自纲常名教之际，以至耕桑作息之间，本末精粗，公私巨细，各举要领，垂训万世。上（指雍正）以各条遵行日久，虑民或以怠，宜申诰诫以示提撕，乃复寻绎其义，推衍其文，共得万言，名曰'圣谕广训'，并制序文，刊刻成编，颁行天下。"所谓"广训"就是对"圣谕"的演绎，每条都敷衍至600字左右，成了一篇小文章，以把高度浓缩的七字真言化得明白一些。《圣谕广训》显然是由朝廷的学者绞尽脑汁所起草的，因而文字简洁明快，对识文断字的人来说很容易理解。其每条字数最少的590字，最多的644字，十六条合计一万字挂零，因此后来又称"圣谕广训万言"或"万言谕"。虽然万言广训是用简洁的文言文写的，一般士子不会读不懂，但对于没有文化的老百姓来说，这种文绉绉的话还是难以理解，所以又有多种白话解释本出现，其中两种最为流行，一是《圣谕广训直解》，另一是《圣谕广训衍》。这些解释本也将在后文详加介绍。

由于《圣谕广训》是两个皇帝的教导，必须经常读、反复读，因此每月初一、十五（少数也有在初二、十六的）都要开讲读会，由地方官员与军队将领分别向百姓与士兵进行讲解，一次讲解若干条。清代本已存在乡约制度，每逢朔望讲解顺治六谕，到康熙十八年就正式改为讲解康熙《圣谕》（详见后文）。但是，早在康熙十一二年时，省一级官员就有浙江巡抚在每月朔望之日会集百姓，讲解十六条的举措。县一级官员如安徽繁昌县的知县梁延年，在康熙十几年时，也每逢朔望之日主动召集士绅百姓，讲解《圣谕》，受到当时江南总督与安徽巡抚的表扬并将此事上奏朝廷。严如煜《三省风土杂识》里也说道，康熙年间川陕总督鄂海招募客民，于边隘开荒种山，邑多设有招徕馆，又饬州县选报绅士耆民充为乡镇，宣讲《圣谕》，城中朔望，山内场集，均为演讲。康熙后期，广东连山县知县李来章、潜江县知县朱轼也有朔望宣讲《圣谕》的举动，尤其李来章对于宣讲《圣谕》更制订了一整套详细严格的规则（详见后文）。又据日本《华夷变态》一书记载，在康熙二十六年（1678年）时，福州明伦堂也有朔望定期宣讲《圣谕》的事。而由康熙二十八年山东蒙阴知县陈朝君所著《莅蒙平政录》中所见，其时已将乡村地方不讲解十六条《圣谕》的情况视为"悖旨逆宪"，规定"乡约社保人等每月逢三之日务于集社备厂，传集乡民，逐条细讲"。这似乎是利用农民赶场时间进行宣讲，每十天就有一次集会。

到了雍正的《广训》颁布以后，每半月一次讲解《圣谕广训》的集会已成为一种强制性的制度。雍正七年以后无论民间还是部队都已普遍实行半月读的制度。乾隆、嘉庆、道光年间都不断有上谕要求朔望坚持宣讲《圣谕广训》的记载。虽然乾隆以后没有一个皇帝能像雍正那样发挥出万字见解，但还是有一些小花样，如道光皇帝专对"黜异端以崇正学"一条特别看重，将其衍为一大篇四字韵文。到了咸丰年间，又有一个候补知县将这些简单的韵文"衍义"成更大的一篇文章。而且讲《圣谕》成为地方官员的一项必要工作，尤其高级官员常常亲自宣讲，以示隆重，道光以后此任务更成为各省学政不可推卸的职责。如鸦片战争后的道光二十六年八月，广东学政全庆初到任，就公告将于十月初三新诣文庙上香，同时宣讲《圣谕》。到同治光绪年间，这一制度继续推行，而且有所发展，不但是用明白的官话，甚至还用当地的方言俗语进行讲解，努力使听众能明白"万岁爷的意思"，做个安分的老百姓，因为当时的局面比起清初来更加糟糕，更需要臣民的忠诚，而又没有新的思想武器，只能沿用老办法把死马当活马医了。晚清反映社会生活的多棱镜《点石斋画报》就刊登过两幅光绪年间宣讲《圣谕》的绘画，其场面可与后面要提到的康熙年间县乡宣讲情况相比照。不过遗憾的是，同光时期的老百姓比200多年前更聪明也更不听话，因此无论《圣谕》还是《广训》，都不能挽救大清帝国注定灭亡的命运。

话虽然如此说，但由于官方的强制性命令，老百姓对《圣谕广训》还是不得不读，所以光绪初开业的点石斋印书局，其畅销书以《康熙字典》和《圣谕详解》为最，至少千千万万的考生不得不人手一册。因为除了月月读以外，《圣谕广训》还是清代童生考试的必试内容。雍正年间已经规定，各县童生考试（包括县试、府试、院试与岁试）时，在复试时都要默写《圣谕广训》中的一条。每条《广训》有600字左右，如果错了十个字以上，便会被判为不及格。不但不可有错，而且不可有添改字样。但监生不由童试而来，素未诵习《广训》，而生员于取进后（即考中秀才），日久不复循诵，所以到嘉庆十九年又规定，岁、科两试，并贡监生录科考遗，都要默写《圣谕广训》一两百字。所以不管如何，这万言的《广训》是学生都要熟读甚至背诵如流的。另外十六条《圣谕》有时也是考试出题的依据。鸦片战争以后，虽有西学的引进，但并未因此而抛弃皇帝的教导，洋务运动中建立的福州船政学堂就要求学生在课余读《圣谕》。1896年筹办天津中西学堂，也把聘请讲读四书经史之学与《圣谕广训》的教习列在章程里。清末举行新政，遍建学堂，在《钦定学堂章程》中还规定"每月朔，由总教习、副总教习传集学生，在礼堂敬谨宣读《圣谕广训》一条"，而且这个规定还有人感到不满，以为光是月朔宣读还不够。所以即使是有识之士也不敢将《圣谕广训》排除在日常教育之外，1902年罗振玉在《学制私议》里有三点提案，其第一条就是"以《圣谕广训》作为修身的纲领，全国学校一律遵行"。1905年废除科举制度，翌年学部奏定劝学所章程，要求各地设立宣讲所，宣讲内容仍首重《圣谕广训》。

更有甚者，连出国的留学生也无例外地要学习《圣谕广训》。据说第一批留美学生每星期日都要听正、副委员（陈兰彬与容闳）讲《圣谕广训》。虽然西洋没有初一、十五，但一个礼拜西化六天，到第七天还得念诵祖宗教诲，唯恐忘了根本。笔者数年前偶然看到一份珍贵的英文资料，是颁布于1880年的中国留美学生十条守则，其中最后一条正是这一规定。也许正是因为这个思想上的辫子始终留着不放，最终还是导致留美幼童被中途撤回。但是令人觉得奇怪的是，这样一个月月读的制度实行了200多年之久，涵盖了整个清帝国版图中的各色人等，甚至延伸到海外子民，而且与《圣谕广训》有关的书籍直到民国初年还在出版，甚至到抗日战争之前，知道《圣谕广训》的人还很多，但是在抗战之后，这一制度就被人渐渐遗忘，以至于上面说到的事好像从来就未曾出现过。而类似的制度后来又一再重现，甚至更加衍生发展。历史真是令人难以捉摸。

二、宣讲《圣谕》与《圣谕广训》制度的确立与松弛

定期宣讲《圣谕》与《圣谕广训》的制度到底是如何确立的，一直没有人做过深入研究，大约因为材料太分

散，难于寻出究竟，所以一般只能引述比较晚近的材料。其实对于如何宣讲《圣谕》与《圣谕广训》，在清代有过许多规定，这些规定散见于《清实录》与历朝朱批奏折等文献中，笔者花了一些时间，理出一些头绪。兹先以嘉庆十七年重辑的《钦定学政全书》中《讲约事例》一卷为纲，参以《学校规条》一卷及《钦定大清会典事例》等材料，以看出月月读制度的形成及松弛的过程：

顺治九年，"颁行六谕，卧碑文于八旗直隶各省"；十六年"议准设立乡约，申明六谕"。这时的乡约制度已规定朔望各讲约一次，而且规定要挑选老成可靠的人作为宣讲人。

康熙九年，颁发《圣谕十六条》。

十八年，浙江巡抚陈秉直将"上谕十六条衍说辑为直解，缮册进呈，通行直省督抚照依奏进乡约全书刊刻各款，分发府州县乡村永远遵行"。这个乡约全书已规定每月朔望讲解康熙《圣谕》，既颁发各府州县乡村遵行，所以这一年可以看成由讲顺治六谕变成讲康熙十六条的正式确立时间。当然由于惯性作用，还有的地方仍然在宣讲顺治六谕，受到一些地方官的批评。例如迟至康熙二十一年山东阳信县还出过示谕，要求讲解圣谕六条，这六条自然还是顺治的六谕（康熙《阳信县志》）。

二十五年，"议准上谕十六条令直省督抚转行提镇等官，晓谕各该营伍将弁兵丁，并颁发土司各官，通行讲读"。这是将本来只对老百姓宣讲的《圣谕》，扩大到士兵与少数民族地区。

三十九年，"议准直省奉有钦颁上谕十六条，每月朔望地方官宣读讲说，化导百姓，今士子亦应训饬恭请御制教条，发直省学宫，每月朔望令儒学教官传集该学生员宣读训饬，务令遵守，如有不遵者，责令教官及地方官详革从重治罪"。这是将朔望宣讲制度进一步扩大到一般知识分子。

虽然从以上引文看来,似乎康熙十八年已经形成朔望宣讲十六条的制度,但实际上其时这一制度还不严密,远非普及于全国的强制性制度,甚至还有人表示不同意见。如在康熙三十八年黄六鸿所著《福惠全书》中,就讨论了宣讲的频度问题。该书卷二十五"教养部"有"讲读上谕"一节,认为"今之上谕,城厢及村长、族尊,宜每月一读,乡耆宜四孟四读。但州县有司仿正月之吉及正岁一再读之制,似觉太简,亦宜四孟四读"。显然,黄氏只主张至多一年十二读,一般则一年四读亦可。并且读多了并没有好处,徒令听众生烦:"然愚以为典以敬为主,(宣读)不宜太数,数则反渎而易干怠矣。"而且据黄之观察,当时能坚持朔望宣讲者,只有表现特别好的地方官:"近见举州县卓异,俱开本官每月朔望讲宣上谕十六条云云。"在浙江巡抚倡议半月一读上谕的制度实行 20 年之后,还有人如此公开表示不需要过于频繁地宣读十六条,并非表明黄氏个人胆大包天,而是说明当时实行强制性制度的环境尚未形成。到雍正时期,政治环境就没有这样宽松了。可惜的是这位黄六鸿在清代没有人为他写过传记,哪怕三言两语也好。我们只知道他在写书时是工科掌印给事中,此前当过郯城、东光两县的知县。

五十二年,"直省老人庆祝万寿圣节。赐燕后,钦奉上谕,遵旨行令直省、府州县及各土司地方,照例于每月朔望,同上谕十六条通行讲解",这是康熙通过耆老强化朔望讲解十六条的措施。

雍正二年,"御制《圣谕广训》万言,颁发直省督抚学臣,转行该地方文武各官暨教职衙门,晓喻军民生童人等,通行讲读"。

三年，"议准士子诵习，必早闻正论，俾德性坚定，将《圣谕广训》万言谕、御制《朋党论》颁发各省学政刊刻印刷，赍送各学，令司铎之员朔望宣诵"。

七年，"奏准直省各州县、大乡大村人居稠密之处，俱设立讲约之所，于举贡生员内拣选老成者一人，以为约正，再选朴实谨守者三四人，以为值月。每月朔望，齐集乡之耆老里长及读书之人，宣读《圣谕广训》，详示开导，务使乡曲愚民，共知鼓舞向善。至约正值月果能化导督率，行至三年，着有成效，督抚会同学臣，择其学行最优者具题送部引见；其诚实无过者量加旌异，以示鼓励；其不能董率，怠惰废弛者，即加黜罚。如地方官不实力奉行者，该督抚据实参处"。

这一年可以看成朔望讲读制度强制性实行的开端。过去虽有讲约之所，但看来并不普遍，所以才明令在大乡大村也要普遍设立。至于约正与值月职务的设立，已正式使宣讲成为官方的强制行为，而且宣讲《圣谕广训》成为地方官的一项重要工作，有奖惩制度予以制约，比康熙时代更形周密。雍正中任河东总督的田文镜在《钦颁州县事宜》中也特地列有"宣讲圣谕律条"一项。我搜集到的道光八年陕西葭州儒学颁发的一张宣讲执照上，也写着"照得雍正七年奉令直省各州县大乡村俱设立讲约之所宣讲圣谕广训……"字样。至于这一年全国到底设立了多少讲约处所，现在尚未找到直接的材料。但乾隆十三年时，山西全省有个调查可作参考，当年该省有讲约处所1 106处（据《圣谕广训（直讲）》跋），则粗略估计，全国至少当有两万处以上。雍正七年时或许不到此数。

当然在雍正七年以前，已有许多官员上奏，主张将雍正《广训》抬高到无上的地位，如雍正六年四月湖北总兵杜森上奏四条条陈，其第一条就说："《圣谕广训》谆切万言,化民成俗巨细不遗,诚可表里六经,大有裨益于人心世道者也……我皇上圣学天纵,超迈百王,《广训》万言出经入史,愚鲁之人耳而食之,骤难通达……恭请皇上将《圣谕广训》敕发翰林院,将其中之词句字义详细注释,务极浅显通俗,颁发直隶各省文武官员捐资刊刻印刷成书,除朔望公所文武宣讲之外,凡兵民人等逐家逐户令其各请一本,敬谨供奉,早晚闲暇互相讲贯,俾愚夫愚妇皆能耳受心通,自能潜移默化,则风俗愈厚,人心愈纯矣。臣更有请者,兵民子弟初入乡塾,应令塾师先教《圣谕广训》,次读《论》《孟》等书,讲解次第亦然,是于蒙养之初《圣谕》精微早已沦肌浃髓,而又家弦户诵、朝夕熏陶,则立身行己自无邪慝之虞矣。"这个马屁是拍到家了,称雍正的《广训》可以"表里六经",还将其摆在《论语》《孟子》之上,而且有些提法如"各请一本"云云,我们似乎有些耳熟能详。当然这是上有好者,下必有甚焉。类似杜某这样的奏折还有,虽然无此肉麻,但意思是一样的。由于马屁拍得太过,因此对这一条陈,雍正也只好批道:"此条可以不必。只在地方大吏实心奉行,如田文镜(时任河东总督兼河南巡抚)、韩良辅(前一年任广西巡抚,后革)者都有批注刊刻者,地方官非寻觅不得之物也。"不过一年以后,宣讲《圣谕广训》正式成为强制性制度,实际上比杜森的意见有过之无不及。还有一个湖北学政于振,主张不但童生岁科复试要默写《圣谕广训》,而且乡试与会试也同样要考。不过雍正不至于糊涂到这个程度,他批驳说,《广训》的意思就是训蒙,也就是讲给文化不高的人听的,能参加考举人、进士的人已有一定水平,哪有默写《广训》的道理?

为了促使宣讲制度正常化,还给负责宣讲的约正、值月等人发一定的津贴,起先由国家田税收入开支,后来则由官员乐捐。

乾隆元年,"议准直省督抚应严饬各地方官,将约正、值月宣讲《圣谕》之处,实力奉行,不得视为具文。又议准直省各州县,于各乡里民中,择其素行醇谨,通晓文义者,举为约正,不拘名数,令各就所近村镇,恭将《圣谕广训》勤为宣读,诚心开导,并摘所犯律条,刊布晓谕。仍严饬地方官及教官,不时巡行讲约之所,实力宣谕,使得人人共知伦常大义,如有虚立约所,视为具文者,该督抚即以怠荒废弛题参,照例议处"。这是首次看到在皇帝命令中有"不得视为具文"字样,看来雍正时期虽有强制性命令,但每月两次宣读《圣谕广训》大约已引起官员百姓两方面的厌烦,双方都是应付了事,才有乾隆这道更严厉的命令出现,要求认真执行讲约制度,否则官员就有丢掉乌纱帽的危险。值得注意的还有,此时已有明确将《圣谕广训》与律例条文结合起来的做法,这显然是软硬兼施的办法。另外,担任约正的资格此时也有所降低,雍正时要举贡生员才能担当此任,而此时只要求素行醇谨、通晓文义的普通里民就可以。

二年,"议准约正、值月,原令州县官于各乡举行,不论士民,不拘名数,惟择其人以行化导之事。自宣讲《圣谕广训》之外,并将钦定律条刊布晓谕。比年以来,屡经严饬地方官与教官实力奉行,但恐各省之内,尚有未及刊布之处,应再行令直省,转饬各州县,摘取简明律例,并和睦乡里之上谕,汇刊成册,酌量大小各乡村,遍行颁给。仍令州县各官董率约正、值月,勤为宣讲,该督抚严加查察,毋使视为具文"。既然将有关材料"汇刊成册",并"遍行颁给",则雍正时杜森所要求的"各请一本"《圣谕广训》讲解的提议,在此时已经实现。

五年，要求宣讲《圣谕广训》要与实践相结合，谕曰："但朔望宣讲，止属具文，口耳传述，未能领会，不知国家教人，字字要人躬行实践，朴实做去。"

十年，要求地方官将劝诫工作与宣讲《圣谕》相结合，"覆准直省督抚，应将谋故斗杀、刨坟奸盗等类，及事关伦常风化，并就各地方风俗所易犯，法律所必惩者谆恳明切，刊刷告示，每年分发所属府州县，转饬各乡约正、值月，于每月朔望宣讲《圣谕》之后，务必实心宣谕劝诫，使之家喻户晓，戒惧常存。地方有司不得视为具文"。

十一年，"覆准各省督抚……转饬各乡约正、值月朔望宣讲《圣谕》之后，即以方言谚语为愚民讲说，至上谕十六条内，择其轻重缓急，分别四时，轮流布贴之处，惟在该地方官因地制宜，随时办理，总期于不涉虚文，亦不必拘以一格"。讲解《圣谕广训》照理应如宣读圣旨，拿腔捏调，但为了使愚民明白，不得不纡尊降格，准用方言谚语讲说。回到现代，30年前，有人批评"活学活用，学用结合，急用先学，立竿见影"的提法庸俗化，不知只有这样的庸俗化才能达到提出这个口号的人的目的。用方言土音讲解《圣谕广训》，也是庸俗化，但皇帝并不在乎，在乎的是愚民是否听得懂，因为只有听得懂才有效果。至于"愚民"的称呼，是统治者历来对老百姓的真实态度，只是皇帝直言不讳，近现代的统治者聪明一些不这样说罢了。

二十三年，"议准导民当祛其所惑，禁恶在先绝其源，应令各直省督抚转饬所属州县，嗣后宣讲《圣谕》，必须实力奉行，除每月朔望二次宣讲外，或于听讼之余，以及公出之便，随事随时。加以提命，不妨以土音谚语，敬谨讲解，明白宣示，并将现禁一切邪教等律例，详细刊板刷印，遍贴晓谕，俾知奉公守法，各安耕凿"。

五十年，"奏准，陕甘二省回民较多，仰蒙圣泽涵濡，以养以教，驯其桀骜之气，即可化其顽梗之风。嗣后每遇朔望，应令各属州县召集回民，同汉民一体宣讲《圣谕广训》，俾咸知孝弟睦姻，以资化导"。这是以《圣谕广训》作为"驯""化"的工具。

又"议覆工科给事中孟生蕙条奏'顺天大、宛两县暨五城地方，应一体宣讲《圣谕广训》'一折。查各省州县，于每月朔望宣讲《圣谕广训》，原为僻壤小民、乡愚无识之徒，不知礼仪法度，使其耳濡目染，知所感化。京师为首善之区，内城居住者多系旗人，自幼无不讲读圣训，即土著居民，生于辇毂之区，一切政令礼法，咸所闻知，若于内城讲读圣训，聚集多人，徒滋纷扰，自可毋庸办理。至大、宛两县，向来原系每逢朔望讲读圣训，近来恐有奉行不力者，而五城所属地方辽阔，恐乡愚小民，不克周知，应请交顺天府五城，遵照旧例办理"。很有意思，全国只有北京内城是不宣讲《圣谕广训》的，怕的是聚众太多，反而惹出乱子。其实内城未必无不法分子，只是无可奈何而已。又五城与大兴、宛平两县，本来是京师组成部分，宣讲《圣谕广训》理应为天下表率，但看来并不见得，所以才会有劳给事中条奏应一体宣讲《圣谕广训》的事。

又据日本天明八年（乾隆五十三年，1788年）翻刻的《圣谕广训》书末所附的公文说："各省将军提镇必须命令管下，一如府州县文官之例，于每月朔日十五日集合部队，拜读《圣谕广训》四条。"这说明在乾隆以前曾有过定量的规定，即每次必须读四条。

嘉庆四年，"奉上谕……地方大小官员有教育斯民之责，岂可视为迂阔，置之不讲，嗣后不但朔望宣读《圣谕广训》,当明切讲论,即公堂听狱,真赴乡劝农时,皆可随时诲导,启发颛蒙,庶默化潜消,可渐收易俗称风之效。毋得视为具文,虚应故事"。

五年,"奉上谕给事中甘立猷奏'请于京师地方照例宣讲《圣谕广训》'一折。朕于上年曾经降旨,令各省有司,每逢朔望,谨将《圣谕广训》,恺切宣示,俾小民知所领悟。各地方官员,自应实力奉行。况京师为首善之区,尤宜先为开导,以期化行自近。嗣后着五城顺天府大兴宛平二县各官,选举乡约耆老,于朔望之日,齐集公所,宣读《圣谕广训》,按期讲论,毋得视为具文,日久废弛,以副朕化民成俗至意"。连着两年的上谕都有"毋得视为具文"的话,看来此时宣讲《圣谕广训》的确已成具文,虚应故事,皇帝已无良策对付。尤其京师地方,天子脚下,更比地方上还要糟糕。自乾隆五十年督促朔望讲读以来,不过十数年功夫,竟又废弛至此,以至于不得不专门再发一道上谕。

十三年,"御史史积中奏称,《圣谕广训》十六条,旧令地方大小官员朔望宣读,但遵行已久,非明示劝惩,恐致废弛,应令督抚大吏,详加考核,有实力宣讲者,量加奖励。如视为具文,不认真宣讲者,即为参劾。八旗则责令各都统查明旧定章程,遵照举行"。

十四年,"奉上谕:御史周钺奏'请复讲约旧例,实力奉行,以敦风化'一折……牧令为亲民之官,向例计其届期,各州县有能宣讲《圣谕》实力奉行者,该督抚即列入卓荐之内。原以该员等有教民之责,承流宣化,正藉此以鼓励进阶。乃近年以来,各地方官历久懈生,率视为奉行故事,竟至日形废弛,所谓化导斯民者何在。嗣后顺天五城所属地方,并各直省督抚所属州县,务当饬令一体,恪遵旧例,于每月朔望日传集城乡居民,敬将《圣谕》各条,晓谕宣读,行之以实,再(按:原文如此,疑毋之误)得视为具文,庶民风丕变,治道益臻上理"。连着两年御史的提议都是旧议,说明"视为具文"已是痼疾,难以疗治。

十八年,"着通谕各直省督抚,转饬该州县等,于所属民人实力化导,宣讲《圣谕广训》,务俾家喻户晓,久之人心感发,知仁而有所不忍为,知义而有所不敢为,则正教昌邪说自息矣"。

十九年,"议准各省督抚及府州县官,朔望皆宣讲《圣谕广训》,但并未讲解发明,且围而观听者仅执事员役及附近居民,僻壤穷乡岂能家喻户晓?嗣后各督抚转饬所属州县,按村颁发一册,遴选生耆随时剀切宣讲,俾编户小民共知向善。果能宣讲得法,转暴为良,在诸生则仍当统计平日文行,实堪优举者,该学政照例核实办理,不必专以宣讲一事,别立科条。在耆儒则地方官量加奖励。其有奉行不善者,立予究办,以示奖惩"。这里讲到要每村都发一册《圣谕广训》,但下一年却又改主意了。

二十年谕:"仰惟圣祖仁皇帝钦颁《圣谕》、世宗宪皇帝绎为《广训》,本天理人情之极则,为牖民淑世之敷言,实为大经大法。从前布之学宫,并责成地方官朔望宣读,着于令甲,立法已为周备。今若令府州县卫遍行刊印,于编查保甲之时,逐保散给,未免近于亵越。且《圣谕广训》之旨,皆系四书五经之精义,今海内十室之聚,必有四子之书,然而斯民淑慝不一其类,非尽目不睹圣贤之书,知而不由,虽家置一册无益也。"皇帝此时已悟到光是宣讲用处不大,认为到处散发《圣谕广训》小册子带有庸俗化的味道了,这是从来没有的说法。于是要求"其道府州县与民切近,着各就所属地方,察其民风俗尚,有染于污俗,惑于邪说,及不知崇尚礼义者,各救其弊,切指而诰诫之,即恭阐《圣谕广训》之旨,衍为直解,刊刻告示,晓谕众庶,俾知彰善瘅恶之意,其事较为简而易行"。看来连皇帝也泄气了,只要求贴贴告示算了。颇疑《圣谕广训直解》是否嘉庆皇帝发布此谕之后的产物?

道光十五年谕:"学校为培养人才之地,士品克端,斯民风日茂,亦惟训迪有术,斯士习益淳。定例每于朔望敬谨宣讲《圣谕广训》,并分派教官,亲赴四乡宣讲,俾城乡士民共知遵守。乃近来奉行日久,视若具文。教官懈于训诲,士民习于浮奢。允宜亟加整顿,振起人才。着直省各督抚严饬地方官,遵照成例,敬谨宣讲《圣谕广训》,务须实力奉行,不得日久生懈,以期士习民风蒸蒸日上,用副朕作养人才至意。"

十九年谕:"向例各直省地方官,于朔望宣讲《圣谕广训》,俾乡曲愚民皆知向善,良法美意,允宜永远遵行,惟州县地方辽阔,宣讲仍虑未周。嗣后各省学政到任,即恭书《圣谕广训》,刊刻刷印,颁行各学,遍给生童,令人人得以诵习。并着翰林院敬谨推阐《圣谕》内'黜异端以崇正学'一条,撰拟有韵之文,进呈候朕钦定,颁发各省,饬令各该学政,一并恭书,遍颁乡塾,俾民间童年诵习,潜移默化,以敦风俗而正人心。"从乾隆末年至此时,清王朝一直在走下坡路,社会极不稳定,知识分子中酝酿着"自改革"的思潮,已成具文的《圣谕广训》宣讲活动越来越无生气。道光皇帝并无新辙,只能抓紧学校教育这一线了。

尽管是具文,但还是得做做样子,这其实是主子与奴才都明白的道理,所以讲约的规定与清代相终始。即使经过鸦片战争与太平天国这样的大事件,宣讲《圣谕》的活动也一直在继续。同治元年,"十二月十五日内阁奉上谕……并饬教官分日于各该处乡市镇设立会所,宣讲《圣谕广训》，务使愚顽咸化、经正民兴，正学昌明、人材蔚起，实有厚望焉"。二年，又谕宣讲："十二月二十日内阁奉上谕国子监司业马春全奏请慎简学官以崇教化一折……至宣讲《圣谕》尤为化导之本……等语所奏不为无见。今大江南北渐就肃清……并着各省学臣督饬教官实力宣讲《圣谕》。"而且在实际上，《圣谕广训》已成为当时教育百姓的唯一思想资源，所以在社会大变动时期，就要以之作为一种精神武器来运用。咸丰年间，湘军将领王鑫在与太平军对抗期间，就要求"每三五日一次在本都本郡传齐团众，勉以忠直，激其义愤，每次宣讲《圣谕广训》一二条，使吾民咸知孝弟忠信礼义廉耻之不可缺一。正道昌明，邪教自无从而入，此为团练最要最急之务"（《王壮武公遗集·团练说》）。这一要求已经比朔望宣讲更进一步，接近于"天天读"的境界了。太平天国失败后，各地力图恢复生气，也有官员以《圣谕广训》来作鼓舞人心的工具，湖南人许瑶光于同治年间任嘉兴知府，"朔望躬率僚属宣讲《圣谕广训》，又令教官讲生周历乡镇，发明其义，以定民志"。

由于宣讲活动不绝如缕，所以直到光绪二十六年（1900年），山东德州还重刊《讲约教条》这样的书行世。甚至在清末准备实行新学制时，罗振玉在其《学制私议》里的三点提案中，第一点就是以《圣谕广训》作为修身的纲领，全国学校一律遵行。但有讽刺意味的是，同光以后的讲约已逐渐变质为一种近似大众娱乐的活动，讲约人为了吸引听众，在讲约过程中穿插许多故事，而为了使讲约人有所依据，还有大量的讲约书出现。

宣讲康熙上谕与雍正《圣谕广训》主要是地方官的责任，所以在许多官箴书里都讲到如何建立城乡宣讲制度，如何选择讲约人，规定宣讲仪注，介绍宣讲经验等。其中上述《福惠全书》以及陈朝君《莅蒙平政录》、田文镜《州县事宜》、徐栋《保甲书》与《牧令书》、何耿绳《学治一得编》、戴肇辰《从公三录》等都有专篇论述。这些材料还提供一些正式公文里不大会提及的事情，比如宣讲《圣谕》是花钱的事，建立宣讲所要钱，聘人宣讲也要送束修，那么这些钱的数额有多大，又是从哪里出？戴肇辰的《从公三录》透露了一点信息。戴氏在同治年间任广州府知府，上任伊始命令所属各县建立宣讲所，很快建立了181所，其所需经费"有官为捐廉倡设者，有提支地方公项举办者，有绅士捐资倡率者，有公局绅士轮流开讲者，有乡耆自行开讲不受脯金者"。戴自己也捐廉在府署头门延聘儒生设案开讲，所请为番禺生员李超，每月修脯十金。另外，在余治汇刻各种善举章程为一编的《得一录》里也有有关记载。

三、讲解《圣谕》与《圣谕广训》的规定与仪式

《圣谕》与《圣谕广训》既是皇帝的教诲，因此在讲解时有一定的规定和仪式。这些仪式在某些地方志里有所记载。

如雍正《河南通志》卷十载："凡州县城内及各大乡村各立讲约之所，设约正一人，于举贡生员内拣选老成有学行者为之，值月三四人，选朴实谨守者为之。置二籍，德业可劝者为一籍，过失可规者为一籍，值月掌之，月终则告于约正而授于其次，每月朔日举行，先期值月预约同乡之人夙兴集于讲约之所，俟约正及耆老、里长皆至，相对三揖，众以齿分左右立，设案于庭中，值月向案北面立，亢声宣读《圣谕广训》，各人肃听，约正复推说其义，必剀切叮咛，务使警悟通晓，未达者仍许其质问，讲毕，于此乡内有善者众推之，有过者值月纠之，约正询其实状

众无异词,乃命值月分别书之,值月遂读记善籍一遍,其记过籍呈约正及耆老、里长默视一遍,皆付值月收之,事毕,众揖而退,岁终则考校其善过,汇册报于州县官,设为劝惩之法,有能改过者一体奖励之。"

从这个记载可以看出,雍正时期设立的值月一职,具体做些什么事。不但要宣读讲解,还要记下各人的德业与过失。所谓讲约就是讲乡约,讲每人应该具体遵守的规范。讲约是实际上的目的,但在形式上却是宣讲《圣谕》的附属品。宣讲《圣谕》是每月两次,并有一定的仪式。照上引《河南通志》同卷所载的"宣讲《圣谕》暨御颁书"一节,仪式是这样进行的:"每月朔望,预择宽洁公所设香案,届期文武官俱至,衣蟒衣,礼生唱:'序班。'行三跪九叩头礼,兴,退班,齐至讲所,军民人等环列肃听,礼生唱:'恭请开讲。'司讲生诣香案前跪,恭捧上谕登台,木铎老人跪,宣读毕,礼生唱:'请宣讲上谕第一条。'司讲生按次讲'敦孝弟以重人伦'一条毕,退。"这样的仪式在清末相当流行的《点石斋画报》上可以形象地看到。

以上制度应该早在康熙年间就已在某些地方建立起来,而后推广开来,并一直延续下去。所以上引雍正《河南通志》的文字在光绪《湖南通志》里也有。下文将要提到的、成书于康熙十八年的《上谕合律乡约全书》中,就附有两幅"县讲乡约图式"。该图画出香案上供圣谕牌,下列县正堂、乡官、举人,再下为歌童、约正,再下为僧众道人,最下为一般听讲人员的序列,但无文字说明。康熙四十六年至四十八年间,担任福建巡抚的张伯行对讲约过程则有明确规定:"台上用两张桌子,一张安奉圣谕牌,一张留中间讲约。东边讲师一人、歌童一人,西边讲师一人、歌童一人,各放衍义(乃张所撰《十六条衍义歌诗》)一本,便于逐条轮讲,免力倦而声不扬也。讲师歌童与木铎老人俱准坐……讲乡约每条开讲即摇木铎,讲的用官话着力念一句……每讲完一条,讲的用官话大呼童子歌诗……所讲所歌只用土音,以便众人通晓也。"(《正谊堂文集》卷三十八《告示三》)

但对于宣读讲解《圣谕》规定最详最早的,恐怕是小小的广东连山县知县李来章。李氏是一个勤于职守的人,他对宣讲《圣谕》所规定的一整套制度,远比《湖南通志》的记载要详细规范得多。李来章在就任以后就著有《圣谕衍义》,对《圣谕》进行俚俗浅显的解释(详后),除此而外,李来章还神圣化了宣讲《圣谕》的仪式,坚持将宣讲《圣谕》当成实事来做,而不是可有可无的形式。为此之故,李来章特意订了《圣谕宣讲乡保条约》,明令百姓遵守。他在这一《条约》前面的《小引》里说:"……自昨秋履任,在鞅掌之余,已成《圣谕衍义》一书,雕板颁布,每逢朔望次日,城市村墟,偏为宣讲,又恐考查无方,劝惩不明,蛮乡荒徼,不能骤为开悟,是有宣讲之名,而无宣讲之实,涂饰具文,苟且塞责,不几仰辜圣天子惠爱元元之圣意乎!爰又本于昔贤,分置记善、记恶、悔过、和处四簿,逐条遵照《圣谕》,细为区别,挨户按名,人给一本,未讲之时,令其自审,临讲之期,令其公填,此法既立,庶乎深山穷谷,足迹不履,城市之民皆触目警心,俨如父兄师保鉴临,课督其侧,其子相率为善,或可从之无难也。"老百姓的一切行动都由上述四簿控制着,十六条的每一条都要分四方面记载,以第十二条为例,应记如下:

记善:某人仰遵《圣谕》诠自诬告一条,平日果能以礼律身,使人敬爱,记为上善;吃亏忍耻,不至相讼,记为中善；据情理诉，辨明即止，记为下善。

记恶：某人于《圣谕》息诬告一条不能仰遵，平日捏条造款，谋害性命，记为首恶；遇事风生，逞其刁诈，记为次恶；嘉人有事，不行劝解，记为小恶。

悔过：某人向曾诬害平民，今经宣讲《圣谕》息诬告一条，自行悔过，公正和平，安静无违。

和处：某人先曾惯兴词讼，诬告行奸，今既恭聆《圣谕》息诬告一条，听凭同事和处，自行引咎，永不挟仇。

这个条约并非公布了就完了，而是有组织工作作为保证。每一定数量的居民组成一个单位，由约正、约副、司书、甲长等人约束管理条约的实行。这些地方小吏还要在圣谕牌位（按：将十六条教导做成牌位，真是神圣化到极点）前高声发誓："某等身为官役，职司训督，今誓于神，务秉公正，如有善行，登记不周，或湮没不彰，或谕扬过实者，天地神明，阴施诛殛。人有恶行，查访不实，或饰词遮掩，或驾词陷害者，天地神明，丧其身家。调和处事，不度情理，或偏憎偏爱，或市恩市利者，天地神明降施灾祸。人肯悔过，不亟表扬，或微词讽刺，或隐言败毁者，天地神明减其福算。"

李来章为严格执行此乡约，还专门发了布告："……然徒事讲解，不于民俗日用当行间立一稽查之法，则遵行者未见鼓舞，违背者未知创惩，将本县宣讲《圣谕》一事，不几视为具文而忽诸。除示定每月初二、十六日本县亲诣各村墟，传集士民，恭行宣讲外，合再通饬，为此示仰该地头保人等知悉，尔等各立记善、记恶、和处、悔过四簿，将一切所管灶丁，逐户填入各簿……"但是由于此法过于烦琐，以上规定是否都能准确执行，值得怀疑，而且如果所有"民瑶"真是照此办理，一言一行都受到严密控制，恐怕连山县真要成了君子国了。但不管如何，李来章打算以《圣谕》来治理这个偏僻小县的做法却是极其认真的。而且真是把《圣谕》给神化了，这从他规定的宣读仪式就可看出。在《圣谕宣讲仪注》一文中，李来章按照宣讲地点的不同，将宣讲《圣谕》仪式做了如下具体规定：

（一）在城宣讲，以县堂为讲所，每逢朔望前一日，先行洒扫洁净，文武官步至万寿亭迎请龙亭于县堂。亭内安奉《圣谕》，覆以黄绫龙袱，前用长桌，供香炉花瓶烛台。次日辰刻，听讲绅衿，齐集仪门，百姓人等俱立大门外，候印官率儒学营官僚属于龙亭前焚点香烛毕，同绅衿立甬道下，分东西两班，行三跪九叩头礼。讲正讲副随班行礼。百姓跪大门外，俟官绅礼毕乃起立。礼生赞礼，乐生奏乐毕，文武绅衿入堂，左右站班，百姓进至俯门下分立听讲。讲正讲副于堂置一高桌，恭请《圣谕衍义》于案上，讲副唱：鸣讲鼓，三声毕。再唱：恭听宣讲《圣谕》。讲正对案拱立，高声宣讲《圣谕》一条。讲毕，击云板一声，退。讲副进前，讲第二条，完，亦击云板一声，退。讲正又进前讲第三条。凡十六条，俱讲正讲副迭为宣讲，及完，高声唱：宣讲《圣谕》已毕。又唱：叩谢圣恩。听讲百姓俱出大门外跪，文武绅衿于甬道下复东西分班行三跪九叩头礼。赞礼奏乐毕，讲正将《圣谕衍义》仍以黄龙袱里，奉安龙亭内。讲生高声唱：恭请龙亭。龙亭抬夫皆黄团花衣，红毡黄翎帽。文武绅衿皆步送龙亭于万寿亭安奉。扃户封门，以禁喧杂。封毕回县，文武绅衿一揖而散。

（二）在乡宣讲，以通衢安全之地，择其房屋高敞者为讲所，选耆民中德行素著之人充讲正，通晓文理循良服众者为讲副，于朔望前一日传知附近各村里民，并洒扫讲所，中置高台，列香案圣座花瓶烛台桌围椅填，捧《圣谕衍义》于案，罩以黄袱，左侧再设长桌一张，为司讲之处，次日辰刻，讲正、讲副同听讲之民，在大门外分东西班鱼贯而入。讲正、讲副至圣案前，行三跪九叩头礼。（以下略）

此外还有在馆宣讲（即在县学宣讲）与在排宣讲两种，与上述在城在乡大略相同，但仪式稍简。为了体现在瑶乡（即排）宣讲的神圣性，还特意在五大排建立了圣谕亭。以上的宣讲方式，现今看来似乎愚不可及，但中年以上的人看了，是否觉得有些面熟？

如此这般，遂使讲约成为一种制度，宣讲成为一种仪式。在康熙年间，李来章制订的宣讲仪式在当时可能还是一种地方官的自觉行为，到了后来就成了强制性的制度。如前引《湖南通志》所记仪式，已是所有地方的通例。另外，在宣讲《圣谕》时，有时还要根据具体情况兼讲别的内容，如在学院里宣讲，往往要兼讲康熙《训饬士子文》，这是专门用来训饬教育知识分子的最高指示，在有些地方甚至还兼讲雍正的《大义觉迷录》（《河南通志》卷四十）。

四、诠释《圣谕》的专著

讲解《圣谕》与《圣谕广训》既不是随随便便的事，所以讲解时就必须有一定的范本。在康熙年间就已有专门讲解《圣谕》的著述出现。《圣谕广训》颁行以后，又增加了讲解《圣谕广训》的通俗著作。本文将对这些著述中流传最广者分别进行介绍，本节先说专门讲解《圣谕》的白话著述，这类书还在雍正《广训》出现以前便已行世，比较常见的有两种，一是《圣谕像解》，一是《圣谕图像衍义》。其实这两种并非最早的讲解著作，另有几种因存世稀少，故不为人知。有两种我只在巴黎看到，不敢说国内必无存本，但恐怕即使有也是仅见之物，更应加以介绍。以下结合年代顺序与各本之间关系陈述《圣谕》各种诠释本：

第一种是《上谕十六条直解》，由浙江巡抚范承谟刊于康熙十一年。这恐怕是今天能见到的对十六条最早的解释本了（推测在其前尚有一个陈氏的《上谕合律直解》，论证见后文）。这个直解本大概是一个范本，后面又有其他本子由其脱胎而来。在颁布十六条的康熙九年，礼部就有咨文要求地方大员对十六条进行讲解。因而此本与下面一种本子的开头都一样，先转述礼部咨文，再总讲一个引子，再总讲十六条大意。这个引子说明为什么要颁行与讲解十六条的道理，用今天难得见到的当时的白话写成，值得引述：

今日聚集官绅士子父老耆民人等，遵皇上所颁尚德缓刑、化民成俗的十六条上谕讲与你们听，总是要劝你们百姓孝弟和睦，老成忠厚，家给人足，盗息民安，人人做个好人，家家化为君子的意思。本院自到任以来，看见你们百姓良善的固多，奸恶的也不少。好讼喜争，捱刑受苦，只为未经化导，没人训诲，把个良心陷溺，风俗敝坏。就是各处也有兴举乡约，大抵所讲向来六谕，与近日事务未能切实详明。如今上谕谆谆，务要训迪劝导，责成内外文武百官督率举行。本院就把这十六条上谕，讲做乡约，今日先将圣意说起，你们仔细听着。皇上自亲政以来，无一日无一刻不念念要天下太平，百姓快乐。只因你们百姓离皇上远了，都未晓得，就是这十六条，那一条不是你当身切己的事，你若依了上谕行去，那一个不是孝子悌弟安居乐业守法奉公的良民了。这十六条一时也不能讲完，先将各条大义略说一遍与你们仔细听着。你们人人家里有个父母，有个兄长，一犯忤逆殴骂，便要斩绞。皇上看得这人伦最重，所以第一条就要你们敦孝弟以重人伦。那父母兄弟之外便有宗族……（以下每条皆用一两句话说个大概）本院今日仰遵上谕，督率通行。凡系浙省司道府厅州县大小各官也须尽力，大家化导。化得一县便是一县的好官，化得一府便是一府的好官。百姓们都要委曲遵依，不可仍前看做故套。今日齐来静听，待本院将十六条逐一细细讲将出来。

这段引子是套话，以后类似的讲解本也都照用。由这段话可以知道一些信息：一是当时乡村普遍实行讲约制度，所讲内容原本是顺治年间颁行的六谕，因为过于简单，已经不适应时代需要；二是省府县各级地方官负有讲解乡约的责任。由于讲乡约的核心就是讲《圣谕十六条》，所以康熙年间甚至有直接将《圣谕》称为"乡约十六条"的（《敬恕堂文集》卷六）。

引子以下就是对十六条的逐条分疏，都是用大白话，而且语言生动、修辞高明，不管其内容如何，这种白话素材都是难得的。何况有些内容还是当时社会的真实写照，有相当的参考价值。十六条的讲解文字有两万来字，不能俱引，只引第十二条的前半部分：

如今讲第十二条了，你们听者。

为何上谕里边说这一事。只为你们百姓逞刁的多，人人好讼，将些小事情捏谎装头，陷害拖连，不知几许，所以劝化你们不可诬告善良。就是大清律上设此一条诬告的，加所诬之罪三等。你们百姓可晓得诬告的为何这样处治他？只为受诬的人平昔守本分、保身家，有田地便去耕种，有钱粮便去完纳，却是个良善不肯为非作歹的人。因他不肯为非作歹、图赖诈人，那些奸恶的人反欺他是柔懦，蔑他是乡愚，贪他的钱财，妒他的家计，设计取他，便勾结讼师地棍，造下一题，告他一状，首他一事。把一良善的人害得七损八伤，所以地方上有人诬告的人，是非有时颠倒，真假有时蒙溷，往往巧中官府的喜怒，揆定官府的性格，或串通些衙门积蠹，或察听些官府声息，巧造状词，百发百中。小事装大，旧事装新，一经准下，便挟诉说合，视为奇货，□帮设处，议息议和，只为地方官不能禁止，刁风愈兴，良善之人往往不能存活，屡经出示，严行禁饬，如今遵奉上谕谆谆，细把诬告的事，通盘与你们打算，彻底与你们分剖，你们百姓要把良心放出来，莫被讼师地棍骗哄坏了心肠，撺掇坏了举动，驾虚装谎，巧弄刀笔，把一件极小的事情陷成大罪，把一家无端小忿贻祸千人，或者像了当时的贪污官府，百姓放刁，大家便好浑水捉鱼，图个泼赖，如今地方有司也比不得当时了。你们百姓可曾看见诬告的人一经审出，饶了那一个？我今与你们细讲，你们纵要刁泼，朝廷的刑罚也不是与你借私报怨的，官府的公庭也不许你瞒天昧己的。向来只为习惯了，心粗胆大，机滑手熟，同谋的多，合伙的众，分来钱财，任意花费，对头下马，愈加逼勒，竟把诬告算一种生计了。还有最刁最泼的，讲得几句说话，挨得几下板子，熬得几番夹棍，诬的硬诬，证的硬证，就是铁面的人也被他执到了。如今皇上专重的诬告。傥然你们仍不自猛省，不急改过，仍复捏借虚端，装成局圈，听使无赖之徒串通胥吏、勾同保歇，诬告之时，定然反坐，不要说未经审定的，一经审出真情，将你诬告的重治，就是陷过他已流已决的。律上更分明。倒转来比未结的更重。你们百姓自思自想，徒欲害人反将害己，徒欲杀人，反将自杀，究竟良善的人，天理昭彰，何能陷害，空把自己的良心丧了，自己的品行坏了，自己的生命折了，自己的家业破了。就是官府一时被你瞒过，别人性命被你害过，朝廷的刑罚被你躲过，威势气焰被你逞过，件件挣了便宜，节节占了赢阵，那天地鬼神都恨你的心肠刁□，亲戚朋友都恼你做事不端，果报也只在后边，子孙定然不昌，田园定然不盛……

文字一气呵成，想要分段都分不成。白话精彩已极，如同评话说书，甚至可以品出方言的味道（如"局囤"一语）。日本研究中国语言的前辈专家鱼返善雄极力夸奖《圣谕广训衍》，认为其白话平明流丽，远远胜过民国初年蹩脚的白话文。但是如上述一段白话又何尝逊色于《广训衍》（见后文）？

吏部尚书黄机的《上谕直解后序》一篇，由其中可见朔望讲解十六条的制度已经出现："我皇上颁十六谕训诫天下臣民，望治之心甚切。两浙范执臣奉扬天子之休命，作直解十六条，于每月朔望集里老与四民教诫之，以引申我皇上爱民育物之至意。其言委婉详至，曲尽情伪，听者无不感悦，盖念斯民迷于习俗而不自知，故耳提面命，深中人心沉痼之病，而动以本然之善，德至深，意至厚也……"

巴黎法国国家图书馆另有一种直解本，封面已不存，版心上有"上谕直解"四字。内容与上述《上谕十六条直解》完全一样，当是此本的别刻。有意思的是，在上述本子中，凡是本院的"院"字，在此本都作墨钉。显然是一个试印本。

第二种是《上谕合律直解》。此书不见传世，从《上谕合律批注序》得知。该《序》是康熙十八年浙江巡抚陈秉直所写，言其"承乏江南时手编《上谕合律直解》一书已家喻户晓"。查陈秉直任江苏按察使在康熙九年至十二年间，九年底有关康熙《圣谕》的礼部咨文才发至地方，而十二年中陈氏已调任浙江布政使，故该《直解》当作于康熙十年、十一年时。从其后身《上谕合律批注》推测此本亦应有"讲谕"与"读律"两部分。而且此本应刻于范本之前，范本只取其"讲谕"部分，而弃其"读律"内容，详见后文分析。

第三种是《上谕合律批注》。此书并未单刻，而是与顾庸斋的《六谕集解》合刻于《上谕合律乡约全书》中。《全书》原刻本我曾在日本东京大学东洋文化研究所见过，国内则上海图书馆藏抄本一种（中缺一页半）。由陈秉直写于康熙十八年的《上谕合律批注序》可知，《批注》一书是在《上谕合律直解》的基础上"删补"而成，"大率以明白晓畅，不事深文为主"。大约两书基本内容相去不远，但《批注》本比《直解》本要简单，说见后文。

《上谕合律批注》开头部分与范氏《直解》完全相同，其主体部分，即分疏十六条，每条都分成两部分，一是《讲谕》，二是《读律》。讲谕部分与前述范氏的《上谕十六条直解》除省去一些内容外，文字完全雷同。仍以第十二条为例，其开头几句是："为何上谕里边说这一事。只为你们百姓逗习的多，人人好讼，将些小事情捏谎装头，陷害拖连，不知几许。所以劝你们不可诬告善良。那善良的人平昔守本分，保身家，有田地便去耕种，有钱粮便去完纳，却是个不肯为非作歹的人。因他不肯为非作歹，那些奸恶的人反欺他是柔懦，蔑他是乡愚，贪他的钱财，妒他的家计，便勾结讼师地棍，造下一题，告他一状，首他一事，把良善的人害得七损八伤，所以良善之人往往受累。你们百姓要把良心放出来,莫被讼师地棍骗哄坏了心肠……"与前引范氏《直解》相比较,便可看出两本同出一源。

读律部分是为使老百姓明白,如果不遵照十六条行事,可能触犯什么刑律。读律部分文字比讲谕要少些,第十二条的读律部分头几句是:"你们百姓每因细故小忿,不忍一时之气,听信讼师将无情之词妄驾极大题目,只图准状,不思审理,到后来水落石出,罪名难逃,身家俱丧,实为可悯。独不思律载,凡诬告人笞罪者,加所诬罪二等,流徒杖罪,加所诬罪三等……"读律与讲谕显然是一个唱红脸,一个唱白脸,两手并举,以便让百姓老实就范。

由于陈氏《上律合律直解》刊行在前(康熙十年、十一年间),范氏《直解》刊行在后(由黄机序所署年月,知其不早于康熙十二年),而且范氏本内容与陈氏《上谕合律直解》后身的讲谕部分同出一源,故颇疑范氏只取陈氏《直解》的讲谕部分,另行刊版。而陈氏自己后来又另写《上谕合律批注》,将原著《直解》的讲谕部分加以删节,成为上面引述的模样。同时范氏《直解》本并无序言提及自己的撰写过程,只有黄机的后序,提到范作直解十六条,有点可疑。而且不久以后的江宁巡抚汤斌在刊刻《分讲十六条》时,也只提陈氏《直解》,而不及范氏《直解》(参见后文)。更往后,在清末曾有《宣讲集要》一书出版,这是一种劝诫类著作的集成之作,由宣讲仪礼到劝善惩恶,各种故事甚至歌谣的合集。由该书卷首有关《圣谕》与《圣谕广训》的编年记事知道,康熙十八年,浙江巡抚曾向朝廷献上衍说《圣谕十六条》的《直解》,由朝廷颁行于各处。其时的浙江巡抚是陈秉直,这一《直解》显然就是其作品。只是十八年献上的这部《直解》还不是陈氏最早的本子，他在康熙十至十一年间所作的《直解》被埋没了，如果不是他自己提到，就没人知道了。由此种种，似可认为范氏只是袭用陈氏的第一个《直解》本子，而并非首创。陈秉直应被视为诠释《圣谕十六条》的第一人。陈秉直写完《上谕合律批注》以后，还向皇帝题本，取得许可，然后准备捐资刊行。这个题本放在《上谕合律乡约全书》各序与正文之间。从这个题本还可以看出讲解十六条的月月读制度的产生过程。题本是康熙十八年正月二十二日呈上的，其中说："臣思从古尚德缓刑、化民成俗之道，总不越乎上谕十六条之至理，但恐僻壤穷乡愚夫愚妇未能仰测高深，臣于政事余刻，不揣固陋，恭绎上谕，逐条衍说，辑为《直解》一书，欲使草野颛蒙一目了然，共闻共见，复以现行律例引证各条之后，使民晓然知善之当为，而法之难犯，若以此分布州县有司，每逢月朔，集在城绅衿耆庶，亲为讲究，其远在四乡者，每里分给一书，令其地之品行端方之士，各就公所，每逢月朔集讲一次，由一邑以推之各邑，由一府以推之各府，父诫其子，兄勉其弟，此感彼应，日渐月深，庶风俗人心之敝可以培植于将来，而文武成康之化不难再见于今日矣。"

由此可见，当时陈秉直的建议还只是每月初一讲解《圣谕》一次，但实际上在他之前的浙江巡抚已经实行过一月两次，即朔、望各一次讲解的规定了。这前后的不同表示月讲两次的制度正在开始，尚未最后形成。

陈秉直的报告与所附《直解》一书，很快得到皇帝的认可，当年三月十一日并经过礼部正式批准。公文来往前后不到两个月，不可谓不快，可见当时康熙皇帝重视十六条的程度。这里还需补充说明的是，当时对"直解"与"批注"未详细辨别。陈秉直称自己在江苏按察使任内所写的为《上谕合律直解》，但他人的序中提及此书，却说是《上谕合律批注》。陈在浙江巡抚任上所改定的书，在其题本中也自称《直解》，但在《上谕合律乡约全书》中却题作《上谕合律批注序》。其中"注"字正好破损，是根据破损后残余字形推测出来的，不一定必是，但绝非"直"字却是可以肯定的。可见时人对陈书的称呼带有一定随意性。如果我们将陈氏前后两书称为《直解》甲本与《直解》乙本，也无不可。

第四种是《分讲十六条》。此书之名是假定的，因为该书封面已经不存，在主体部分的版心上有"分讲十六条"五字，显然不是书名，而只是该部分的名称，姑借以名全书。陈秉直《上谕合律直解》行世以后，照搬照刻者甚多。此书即为其中一种，本来不能算为单独的一个品种，但为清眉目，列为一种。此书是江宁巡抚汤斌在康熙二十四年所刊，书的第一部分是布告，略云："……浙江巡抚陈……演为《直解》一书，明白条畅，农夫稚子，皆可通晓，曾进呈御览，奉旨颁行，今悉照原式，稍为斟酌刊刻颁发，抚属府州县卫所官吏，定期每月朔望会集士民于公所，其乡镇等处各择空阔祠宇，选年高有能为乡人所重者敬谨讲解……"第二部分为"总讲大意"，与范书引子相同。第三部分，即主体部分就是"分讲十六条"，其内容与陈书没有什么差别。

第五种是《圣谕像解》。梁延年编辑《圣谕像解》二十卷，有康熙二十年（1681年）承宣堂刊本，开化纸印，两函十二册。这部以插图为主的书，人物神情生动，背景画面极具匠心，是清初版刻的代表作。此书后来经过多次翻刻，如光绪末年江苏、安徽巡抚刊刻的本子现在还很常见。

据该书作者安徽繁昌县知县梁延年序中所云，在他接到上面下达的《圣谕十六条》后，用自己的话对每一条加以诠释，刊刻成书，并在每月朔望宣讲于该县学宫。康熙十五年以后又在每条诠释之后，选择文献与传说中的有关故事，刻以图像，编辑成书，利用图像的形象性与通俗故事的吸引力来深入阐明《圣谕》的意思，尤其是要以图像来启发目不识丁的农民。按下图像部分不说，光是诠释《圣谕》的文字就是一个创举，因为此举发生在雍正以前半个世纪。而直到雍正二年，才以皇帝的名义正式诠释《圣谕》，成为万言《广训》。梁氏以一个小小七品官而与上述省级地方大员同具超前意识，在当时不能不说是一个大胆的行为。这也反衬出康熙年间文网尚疏，官员不惧文字狱的事实，若在雍乾之际，恐怕没有人敢去承揽这种极易罹罪的活。以第十二条为例，诠释的开头部分为："此一条是朝廷欲保全良善，惩治奸刁，俾狱讼衰息，刑措不用也。夫善良之民，言不敢妄大，事不敢妄为，数米而炊，析薪而爨，官税则早完，公事则先办，本无瑕可指，无疵可求也。乃有一种奸刁之徒，专以武断乡曲、兴灭词讼为事，张弥天之网，设陷人之阱……"这完全是出于己意的解释，与后面将要说到的，对雍正《广训》进行逐句翻译的《圣谕广训衍》和《圣谕广训直解》的不敢越雷池一步，情况大不相同。遗憾的是，梁延年不及上述几位大员，用以诠释的语言仍是文言，普通老百姓仍不易明白，也许因此之故，他才有在文字之外补充图像的想法。

梁延年自叙其编书缘起曰："独念铸辞典雅，小民未必周知，爰潜加注释，急梓以行，俾合邑家传户诵焉……康熙十五年谬荷江南总督阿，暨前安抚部院靳特疏题荐，内开'一本官每逢朔望亲诣学宫齐集绅衿耆庶，先令听讲上谕，使其交相劝诫，次讲圣经贤传，令其问难质疑，又将安抚部院颁发宣明上谕十六箴，逐一讲解，刊刻成书，分发各里，转相传说，实心力行，娓娓不绝'等语……曩者笺注已布,士民知书者能习之矣,若夫山童野竖、目不识丁与妇人女子或未之悉也。于是仿养正图解及人镜阳秋诸集,辑为像解一书,摹绘古人事迹于上谕之下,并将原文附载其后,嘉言懿行,各以类从,且粗为解说,使易通晓。"

梁氏对十六条的解释并不如后来朝廷颁布的《广训》那样每条字数差不多,而是轻重有别。第一条最长,占去五卷,敦孝一、敦弟二、重君臣之伦三、重夫妇之伦四、重朋友之伦五。以后则每条一卷,共二十卷。每卷故事有多有少,图像亦然。以第十二条为例,一共有十二个故事,配以十二幅图,即:智烛诈书、保全功臣、比验原状、立斩诬告、葺书诬反、密召十人、询女得实、四十称翁、断无证钱、纽拆分两、天理发现、代书以实。第一个故事抄自《汉书》,叙述汉昭帝明察诬告霍光谋反的密信的经过。先照抄《汉书》原文,再用文言复述敷衍。第二个故事是说东汉光武帝不信诬告,保全功臣冯异。第三个是唐朝李靖的故事,在说完该故事后,编者又引康熙六年则例,说明诬告是犯法行为,以为教训。

从康熙二十年至光绪年间,《圣谕像解》的翻刻本究竟有多少,并无彻底调查。但自雍正年间以后,《圣谕广训》已经流传开来,这是以皇帝的名义对《圣谕》做出的权威诠释,恐怕是要排斥掉小小知县的《像解》的,因此雍乾嘉道诸朝似乎未见其重刻本。但在咸丰年间及其后的同治、光绪年间均有重刊本。光绪二十九年(1903年),江苏巡抚恩寿石印了《圣谕像解》3 000部,分送各省,由各省"督抚饬发各府州县中小学堂,俾肄业士子懔圣训之昭垂,睹良模而则效"。恩寿此举去该书初版已经222年,清朝形势已经大变,庚子事变刚过,《辛丑条约》才订,"两宫西狩"方回,亡国之危尚存,而统治者犹冀以

200年前的《圣谕》来收人心安天下，不亦迂乎？然则不以此又以何物？在思想教育方面，腐败的清廷已经拿不出新鲜东西来了。

第六种是《恭释圣谕十六条》。这不是一部单行本，而是以《莘田文集》卷十七的形式出现的。蒋伊，字莘田，康熙十二年进士，康熙二十三至二十五年间曾任河南按察副使、提督学政。此《恭释圣谕十六条》大约即在任提督学政时所写，应该是给学子们看的，所以用文言，全文只有6000余字，比雍正的万言《广训》还少得多，其中最长的一条是释"敦孝弟以重人伦"的，不到700字，最短的一条是释"诫窝逃以免株连"的，仅218字（按：此条第二字为窝，而其他诠释本或作匿、匿）。不过这个文本值得注意，因为这是目前所知的、《广训》以外对《圣谕》进行文言诠释的唯一本子，如果不计上述掺入了故事与图画的《圣谕像解》的话。推测康熙年间或许还会有以文言诠释《圣谕》的著述，只是检索未详，无法确知。但雍正以后，有《广训》在上，大概就不大会有用文言诠释《圣谕》的著作出现了。

第七种是《上谕解义》。此书未标出正式书名，无序跋，仅版心上署"上谕解义"四字。书刻于康熙二十六年，作者为范正辂，时任福建泉州府德化县知县。此书仅见藏于天一阁博物馆，也许范正辂是天一阁主人范家成员，故存此一本于此。全书正文不过37页，分两卷，每卷解释康熙上谕各八条。解释所用语言为文言，但浅近易懂，而且耐读。又因范氏为官于福建，故常以福建民风为例。如第十二条就说："当今的百姓，刁恶非常，而捏词健讼闽中尤甚。然健讼者百姓也，使之诬告健讼者，讼师开其端，有司成其后。夫讼师有三，大半是在官弄法之胥吏，小半是犯罪问革之积蠹。又有读书之人，无志向上，端在衙门钻刺打点、遇事风生,把人家无端小忿变作弥天大罪。如白日忿争也,而以为贪夜杀人;拳手戏搏也,而以为刀兵劫掠;愚妇投缳服卤,妄称人命强盗之元凶;小子落水坠河,认作谋害威逼之大事;青楼菁薄悻,指为拐骗强奸;负贩渔樵,诈作逆谋光棍。如福之泉郡,又有一等痼弊,假捏风水,假捏丢骨毁骸。今日你家告盗了骨,明日我家告掘了坟。甚至经年不解,家破人亡。此虽讼师之诬告,而当道之人,必先预知其民风土俗之刁,谎词含沙之射,痛惩本告,罪在讼师,则诬词不得乱吾之明,讼师不敢巧弄刀笔,则诬告自息而良善全矣。"此种解义虽读书人容易看懂,但若照本宣科,对"愚夫愚妇"还是深了点,估计范大老爷在宣讲时,还是要将其通俗化为更易理解的白话的。

　　第八种是《上谕十六条批注》。此书正文题为《上谕十六条》,下署江南太仓卫兴武卫千总臣周雄基批注。据原序落款推测,该书原本当为康熙三十七年刊,今所见本为乾隆六十年在江苏常熟重刊。一般解释《圣谕》或《圣谕广训》者多是文臣,而此《批注》却是武将所撰,比较特别。该书内封刊有"太仓唐华孙"参定字样,唐氏进士出身,任礼部仪制清吏司主事,周雄基大约得其助才写成《批注》。此书对《圣谕》每条七字先逐字作解,再引圣贤语录,如有子曰、孔子曰等,而后才是对全条的正式批注。其中的第十二条解释开头一段为:"大凡人之告状,都因这不公平不良善起的,若人人都是公平的心,都是善良的人,有何状告,却是那恶人欲图害诬人,所以受冤受枉的,不得已而告状,求官府出一句公言,所以叫做讼。讼者公言也。谁知道这些光棍反借之以图利,不诬捏些话头不足以耸动官府人听,所谓无虚不入词也。凭着这张利咀,只思量害人,歪的说做直,邪的说做正,只图赢官司，竟忘了天理。害得人倾家破产，卖子鬻妻，他却洋洋得意，逢人夸咀。然每见好打官司的人，没一个自己不害得自己穷苦不已……"整条解释的总字数约为1800字。值得注意的是，该书正文版心为"乡约批注"四字，说明其时都是以乡约的形式来宣讲《圣谕十六条》的。

第九种是《圣谕图像衍义》。类似梁延年《圣谕像解》的是李来章的《圣谕图像衍义》，但李书远远没有梁著那样风行，一般人恐怕还不大知道。

李来章于康熙四十二年任连山县知县，第二年著《圣谕衍义》（又称《圣谕图像衍义》），并规定了极为隆重的宣讲《圣谕》的仪式，记入《圣谕宣讲仪注》一文中。第三年又写了《圣谕宣讲乡保条约》，详细制订乡里宣讲圣谕的各项规章。第四年，更进而著《圣谕衍义三字歌俗解》，这是将《圣谕衍义》中的俗歌部分，加以更为通俗的讲解，用的则是比文言更容易明白的半文不白的俗话。

在《圣谕图像衍义序》中，李来章详细说明了编著这本书的由来："臣来章……莅任之初，延见民猺（按：民指汉人，猺指瑶族。时统治者多将少数民族族名加犭旁，引文未改）父老，谕以朝廷恩德无远弗届，听受之下，无不北面罗拜。又以检束身心莫如《圣谕》，恪遵功令，偏历七村五排亲为宣讲，顾于稽首礼毕退自思维。圣学高深训词尔雅，虽学士大夫尚不能仰测万一，况田野小民知识短浅，求其洞晓，见于身体力行，多恐在有未尽能者。又诸臣演解语句虽繁，条目未备，且人自为说，土音不齐，环听之下不免尚费诠释。臣因仿明臣沙随吕少司寇坤《实政录》、《宗约歌》二书体例，分为六款：一曰图像、二曰演说、三曰事宜、四曰律例、五曰俗歌、六曰猺训。或用文语间以乡音，雅俗并陈，总期演布圣意，昭如日月，属草既定，析为上下两卷。虽知知识短浅，固陋不文，然于宣讲之顷，俾深山穷谷翁媪童稚言下了然，有以仰见九重谆谆之仁爱民猺之心，是亦风尘小吏所以区区自尽其职分者。"

李来章的《衍义》比梁延年的《像解》复杂，广东连山县比起安徽繁昌县来偏僻得多，而且聚居着许多瑶族同胞。他必须考虑穷山僻壤老百姓的文化水平，以及少数民族的理解程度，因此对解释《圣谕》是下了很大功夫的，特地将诠释工作分作六项进行。每条先配以两幅图像，让无文化的普通百姓对该条的意思有形象的认识，而后继之以其他五项。以第十二条为例，其"演说"一项是这样写的："这一条圣谕是皇上叫尔等百姓各有公道良心，不可逞刁害人的意思。古语云：人善受人欺，马善得人骑。欺愚压善倚官诬害，人情薄恶，多所不免。但果受冤抑，讼之官府，辨明是非，此或出于无奈，可以偶一为之。若恃己刁诈，诬蔑乡愚，瞒天障地葬送小民，桁杨桎梏，不可解脱，清夜自思，亦觉难安。"这种解释已有点靠近白话了。在"事宜"一项里又举出几条劝告，即"声势勿矜，财力勿恃，智谋勿尚，词辩勿逞，打点勿夸"，对每一条又进一步用文言讲解。"律例"一项则列出违反此条所应判罪的规定，如凡诬告人笞罪者加所诬罪二等，流徒杖罪加所诬罪三等，各罪止杖一百流三千里。"俗歌"一项颇具特色，以三字四句为一段，若干段为一首，如"既为人，学忠良，休捏言，贻祸殃"之类，显然对象是没有什么文化的平头百姓。这一条共有十一段俗歌作解释。"猺训"一项是专为瑶族同胞而设，中曰："尔猺生长蛮方，诗书未习，律法未娴，每每以强凌弱，以众压寡，以曲为直，以是为非，或同排争杀，使含冤无诉，或与民相斗使受屈难伸。毒更惨于诬告，害遍及于良善，殊非礼法之宜。"当然所谓"猺训"一项，今天看来有歧视少数民族之嫌，但在当时却是因地制宜的手段了。

对于朝廷而言，李来章真是一个恪守职责的好官，不但舍得花这么大的功夫去做这样的《衍义》，还进一步把上述的"俗歌"一项特为抽出，加以更通俗的解释，并单刻为《圣谕衍义三字歌俗解》这部书。该书序曰："自古经传皆有笺注，递至宋儒，每用乡音发挥大义，学者多录其语以相传授。粤人区适子又有三字经总括经史，以训童蒙，读者便之……今上谕十六条发明圣道，提纲挈领与经传无异，臣不揣固陋，僭为疏解，朔望率属恭为讲说，亦已家弦户诵，渐有成效，颇称盛事。臣犹以为官书（指他自己所编的《衍义》）主于阐发，未免太繁，幼学传诵，恐猝未便，爰于其中又抽出三字俗歌一项，杂用土音，略为批注，使言下洞晓，一如家常说话，另行雕板颁发民猺，俾相口授，徇于道路，窃比逭人之木铎，庶耳濡目染，熏陶德性，亦行远登高之一助云尔。"

《俗解》此书的实例可举第十二条的两段为说。一段是："'词既虚，多自碍，德累人，结冤债。'这四句是说好行诬告之人，架起虚词必有妨碍，谋害他人，结下冤家，如揭（按：应是结之谐音而误）债须偿，后来定有灾祸，及于子孙。"另一段是："'多阴谋，遭神忌；号逸人，非天意。'这四句是说诬告之事，如暗中放箭，阴谋害人，神明鉴察，最恼恨他，世上叫此等人为逸人，非是无意，乃以为最没良心，故甚其词也。"

比起梁延年来，李来章似乎不是一个沽名钓誉的人，而是一个爱做事的人。他到连山的前一年，当地还发生过瑶民起义的事。据《礼山园文集》所收李氏《本传》言："癸未筮仕得粤东之连山，地本穷荒，又甫罹猺乱后，时虽就抚，犹疑惧弗靖，来章莅任，召耆老询疾苦，首革无艺之征，招流劝恳（按：当为垦之误），治民事神，次第举行。因念猺虽异类，亦有人性，当推腹心以待之，乃深入巢穴，亲与设誓明心，宣布朝廷威德，讲《圣谕》，撰三字歌，延师训其子弟，诸如焚妖书，平物价，禁抢掳，解仇忿，殷勤诰诫，行三年，革面回心，民猺一家。"不但可见其勤于职事，而且对瑶族同胞不予歧视，更值得称赞的是他由于经常下访瑶乡，因此写出了《连阳八排风土记》，这本书至今仍有其重要的学术价值，尤其是其中所记载的瑶语更是绝好的历史语言资料。

不过奇怪的是，无论是梁延年还是李来章，后来在官场上都并不飞黄腾达，至少是没有做到省一级的官员，看来仕途与政绩并非一致的东西。李来章康熙六十年五月初八日终于许州，享年68岁。后来雍正的《广训》他并没有看到，如果他看到不知会有什么新举措？

第十种是《圣谕十六条口解》。这也是一个假定名。现存康熙五十六年浙江巡抚朱轼所写一书也是对《圣谕》的阐释。但该书已经残缺，既无内封，且正文也缺第一页（正文前不知是否有序），第二页也极残破，因此不知书名为何，只在版心刻有"圣谕十六条"五字，且书后残缺的跋文中似有"……口（此字的下半部似为'子'）解"字样，遂暂以之为名。书的篇幅不大，用通俗语言对十六条进行逐一解释。如第十二条开头说："世上百事可做，第一不好的是做状子。若是替人辩冤理枉，直叙情节，到也罢了。他偏要架情，开口说无捏不成词，小事装大，无的说有，自尽命案，定说殴死，田地价值不遂，就说势占……"这样的话也接近大白话了。

该书在解释完十六条以后，有一段跋语让我们得以了解成书的经过："轼起家县令，筮仕得楚之潜江，思教民易俗，莫如上谕十六条，爰用楚中乡语注为训解，使妇人孺子皆可通晓，朔望亲集士民宣讲于明伦堂，又遴选乡耆优其礼数使各解说其乡，轼偶以事出郊垧，辄召其父老子弟为之解说，环立如堵墙，人人倾听。近年官奉天旗民杂处之地，亦尝于暇日宣讲垂白之老，有流涕者。呜呼！谁谓人心不古，上理之治不可复见于今也。今两浙人文渊薮，历代名儒大臣理学经济丰功伟烈炳耀千古，较四方为胜，然而机械变诈之习所以陷溺乎人心者亦较四方为深。轼以凉德溲才谬庸简命来抚此邦，战战栗栗，惟惧不克负荷思所以上体九重子惠元元之意，莫如教民为善去恶，仍取旧解稍为删改付梓颁发各郡县令共宣扬天子之德……"另外该书后面又附有婚礼条约、丧礼条约与约捕弭盗要略各一卷。

以上所举虽然只有十种，但极具代表性。为《圣谕》作解者，上有巡抚，下至县令；既有文官，复有武将；官员任职地点分布也很广，只县令三人就分别在广东、安徽、福建三省。看来当时注释康熙《圣谕》的读本绝不少，所以经过数百年的淘洗，才会有这么多的不同品种传世。而且据李来章讲，当时诠释《圣谕》的确是蔚为风气的一件大事："国家自削平叛逆，廓清海宇，堂陛之上，尤重文教，一时建牙吹角阃外。诸大师多仰体圣一辈子兴起礼乐之至意，诠释《圣谕》。"（《礼山园文集》卷一《郡司任公寿序》）遗憾的是，诸大师的诠释本似乎没有留到今天。但我们知道这其中有一位是魏裔介，他是顺治三年进士，官至大学士，曾写有《教民恒言》一卷，《四库全书总目提要》说："是书本《圣谕十六条》衍为通俗之词，反复开阐，以训愚蒙，前列讲约二图，盖其家居时所作也。"此书列入《四库存目》中，今已不得见。张伯行也可以算作一位大师，他是理学名家，有许多著述，据他自己所言就著有《十六条衍义歌诗》（《正谊堂文集》卷三十八《告示三》）。同时张氏也是地方官，曾相继任福建与江苏巡抚多年，颇得康熙皇帝的赏识。

除诸大师外，地方官诠释《圣谕》的著作应有相当的数量，能留下来的恐怕只是少数。例如据康熙年间学者耿介说，王日藻于康熙二十一年到河南任巡抚后，就有《注释十六谕》之作（《敬恕堂文集》卷六）。又据山西宁乡知县吕履恒云，噶礼在任山西巡抚时，也曾"颁所注上谕十六条直解于郡县，俾以时为民讲肆勿怠"（康熙《宁乡县志》卷十《艺文》）。又康熙《上杭县志·艺文》有一篇《上谕十六条笺释序》，其中说到该县知县蒋廷铨作了一本《上谕十六条笺释》，但无论是王日藻的注释、噶礼的直解还是蒋廷铨的笺释今天都见不到了。看来当时各省大员，甚至小到知县普遍都有类似的举动，只是被历史长河所淹没了。

除了上述这些比较正式、篇幅较大的著作外，在晚清还有两种把诠释《圣谕》与讲解法律结合起来的篇幅不大的著作，打算放到后面去讲。这里还需要提及一种更简单更通俗的诠释《圣谕》的书，是《圣谕绎谣》这样只有十来页的小作品，这是同治元年河北献县知县陈崇砥所写的。他将每条圣谕演绎为一首七字一句、一共八句的歌谣。如第十二条"息诬告以全善良"，就绎为："物必先腐方生蛆，人因好讼被人愚，讼师包准不包问，一纸飞状多凭虚。怀嫌挟诈恣所欲，累累拖累皆无辜，讯明反坐加三等，诬告告人还自诬。"虽然这本小书的存在可以说明，直到晚清，都一直有单独敷衍《圣谕》的著作出现。但毋庸置疑，自从雍正《圣谕广训》问世后，诠释性的著作主要集中在对《圣谕广训》精神的阐发，而少见单独对《圣谕》的诠释了。尤其是在雍乾两代，文网綦严，谁还有这种胆子去自讨苦吃，不如就《广训》敷衍敷衍算了。如《圣谕绎谣》这样的歌谣想来也不会少，但不一定像其作为一本小书出版，如见于康熙《宁乡县志》的就有一种《讲约诗》，知县吕履恒用十六首俚诗来作十六条的通俗讲解，其中对"明礼让以厚风俗"一条是以这样的句子将其通俗化的："为国须将礼让先，今人嚣薄久相沿。不知后辈尊前辈，翻使高年怕少年。鸡黍谁供家长馔，牛羊偏踏近邻田。莫嫌俗吏频频说，易俗移风慕昔贤。"这样的宣讲资料能流传至今的也不多了。

最后，还有一种对《圣谕》表示尊重的特例，是自己不著一字，仅将十六条照本宣科重刻行世的，因为皇帝有了《圣谕》，臣下不能不有所表态，即使没有能耐讲解，也要有其他表示才行。康熙二十四年，广东巡抚李士祯将颁行了十来年的上谕十六条重新上梓，并附了一篇序，加以发行。这大概也是世界上最薄的书之一了。全书一共只有五页，上谕只有一页，而序却占去四页。该序略云："尝观五经之传、四子之书，如日月之经天，如江河之行地，亘古弥新，至今不朽者，固帝王精意所传，圣贤心法所著，而犹赖有定本焉，以永承于勿替也。若以赫王言，煌煌德意，可与五经之传、四子之书并垂天壤者，乌可无定本以昭示来兹乎。"李士祯重梓上谕就是为了使十六条有定本传世。此举当然也是做给皇帝看的，否则十六条有多少字，所谓定本有何价值可言？重要的倒不是十六条的定本，而是借此序来表明心迹。所以该序接着说他自从担任广东巡抚以来，"不敢惮烦，每于朔望后，率属亲讲阐扬睿意，启迪愚民。岭南梗化之乡，亦骎骎乎渐至驯良矣。即贤守令之恪遵教化者，亦能仿而行之。凡于荐举大典皆先课其教民之政，而后及于其余。故遐迩同风，贤愚同化，亦几几乎渐仁摩义矣。"由此亦可看出，州县一级的讲解十六条尚未成为固定制度，只是贤守令才仿效。另外，一月两次的讲解，也有在朔望后一天，即初二与十六举行的。虽然李士祯这本薄书不起眼,但却是罕见书,我也只在巴黎见到。

五、《圣谕广训》的白话讲解著作

《圣谕广训》是用文言写的,对于断文识字的人不难,对于没有文化的人等于白说。既然皇帝的这些教诲是要老百姓听懂并且还要遵守的,所以必须用他们能懂的话明白地讲解出来。因此在这里实用的价值要摆在第一位,至于白话是否有庸俗化的嫌疑则不是要紧的事了。在清代对《圣谕广训》进行白话诠释的著作恐怕不少,但最流行的两种,一是有明确作者的《圣谕广训衍》,一是至今作者不明的《圣谕广训直解》。这两部书有众多的翻刻本,大都是地方官员,尤其是省一级官员主持刊刻的,这些官员在书前书后的序跋中都一再强调,宣讲《圣谕》时要用方言俗语,要明白如话,要以民间老孺能解之语疏畅之。这也就是这两部白话讲解著作得以产生与流行的背景。

《圣谕广训衍》由三部分内容组成,如果加以分解就是"圣谕+广训+衍"。这"衍"就是对文言的《圣谕广训》的白话翻译,翻译者是雍正元年进士、担任陕西盐运分司职务的天津人王又朴。王氏的白话翻译写在 200 多年前,但是其平明流丽的程度,连民国时期某些擅长白话的小说家都应自叹不如。试举一例,《圣谕》第十二条为"息诬告以全善良",《广训》演绎成 619 字,其开头曰:"国家之立法,所以惩不善而儆无良,岂反为奸民开讦告之路,而令善良受倾陷之害哉。"这种文绉绉的话,即使照本宣科得再好,又叫老百姓如何听得懂?前引湖北荆州总兵杜森的条陈中就说道:"臣闲暇之时复进部伍各丁,询及《广训》意义,则面面相觑,俯首莫答。不惟粗笨之人如此,稍识文义之丁亦不过领会十之一二,莫能豁然通晓。"可见如果不对《圣谕广训》加以通俗化，则这一"广训"等于无用。因此王又朴将这几句话"衍"成这样的意思："朝廷立下法度，原为治那不好的人，但凡没良心的，为非作歹的，有官府们处治他，叫他知道儆戒，好改过自新，难道设立下个衙门，倒叫奸诈人去害好人不成？"比起拗口的文言来，这是多么地明白了然！王著除了将《广训》逐句翻译成白话外，有时还加上一些自己的话。如上述这一条，前面就加上一句"万岁爷意思说，天下有好人，就有不好人"，以使文气贯通。另外，《圣谕广训》中简单提到的一些实例，如"尝闻古人或认牛而不辨，或夺禾而不争"也必须敷衍成刘宽与郭翻两个故事，才好为老百姓消化。于是经过白话的一番"衍"释，全书大约有31000余字，相当于《圣谕广训》的三倍有余。

白话是人人天天要讲的，不管是高居庙堂的权贵，还是满腹经纶的学究，都不能老是一本正经地"之乎者也"，大部分时间内都得讲大白话，更不必说庶民大众，更是绝不会以文言作为日常生活用语的。这里有一个有趣的例子，说明即使贵为皇帝，平常说话也是用的白话，有时不小心还要漏到奏折上。光绪十岁的时候，已经开始学习批阅奏折。其中有一份原来写着"你们作督抚的"应如何如何，后来又在旁边用小字注着"尔等身膺疆寄"，可见前面是平常说的话，而后面只是冠冕堂皇的官样文章而已。但是在中国汗牛充栋的文献中，多的正是这种官样文章，白话材料却是寥若晨星，而且主要是在文学作品方面，因此而有胡适的《白话文学史》、郑振铎的《中国俗文学史》等著作，尽力加以发掘。但文学作品并非传世文献作品的大宗，经部和史部的全部，子部与集部的大部分，都是文言文的大本营。史学文献的白话，只有蔡美彪等人所辑的元代的白话碑材料最为突出，但那是刻在石碑上，为了使老百姓能够读懂,达到让他们遵纪守法的目的。至于写入文献,便没有一条法令是用白话写的了。所以《圣谕广训衍》是白话研究的绝好材料,让我们一读就明了雍正时代中国的大白话是什么样子的,与元代的有什么不同,到民国时又有什么变化。不过研究白话的人好像很少注意到这部书。

将《圣谕广训》翻译成白话,当然是为了扩大影响,使其发挥真正的效用。由于白话的作用比文言大,所以这部《圣谕广训衍》被各地官员不断翻刻,连书的原名《讲解圣谕广训》也被改掉了。但所谓原书名也是耳食而来,雍正版的原书至今未见,此说未必绝对可靠。顺便说说,本文开头所提到的聚珍本,将"圣谕""广训"与"衍"三部分糅在一起,再逐条排列。这恐怕未必是原刻的模样。最近承友人赠一刻本,《圣谕广训》单为一册,而《广训衍》(不另列书名,而标于版心)另为两册,该刻本很明显的是将原版片的"万岁爷"铲去,而后补刻上"世宗皇帝",有的地方来不及补上,还留下空白。这样的刻本产生于雍正之后,而以雍正时期的原刻挖改而成的,也许正保留了原书的结构也说不定。

王又朴写白话原有根柢,他一生好稗官小说,好《论语》、好《孟子》。而《论语》《孟子》正是文言中的白话。除《圣谕广训衍》以外,王又朴所著的《杂纂》中也有白话,可见他对白话写作的喜爱。王又朴的官运并不特别亨通,今人大概很少有知道他的,包括他的天津老乡在内。但他留下的这部《圣谕广训衍》已足够让他留名不朽了。他当然还有其他著作,包括研究《易经》、研究《孟子》的专著,也都有其出色之处,但到底不如《广训衍》的地位重要。不过奇怪的是,在王又朴留下来的各种文字中竟丝毫不提其《广训衍》,是否他自己觉得这只是一时的游戏之作？由于他自己不留下记录，而翻刻的人又都把原书的面貌有意无意隐去，致使无人知道《广训衍》是何时所写，甚至不知道王又朴还为该书写有一篇重要的跋，好在上述友人所赠刻本，保留了这一篇跋文，才使我们知道《广训衍》撰于雍正四年，去《广训》之作不过两年，也许它就是最早诠释《圣谕广训》的著作也未可知。王又朴还是一位襟怀坦白的人，其自定年谱中的一些片段，与卢梭的《忏悔录》简直如出一辙，其拒绝受贿的一段话更是绝妙的文字。但与本题无关，不必多赘。

《圣谕广训衍》有时也被称为《圣谕广训衍说》。曾看到一种《圣谕广训衍说律例附》，作者是光绪二年掌云南道监察御史吴鸿恩，刊行者是广州府景澧。据吴氏在跋中所言，该书"爰取（王又朴）《衍说》旧本，重加参酌"，并于各条后"附以大清律例，汇为一册付梓"。可见光绪年间也有人将王著称为《圣谕广训衍说》。至于所谓参酌，只是某些字眼的改动而已，也许是为了适应当地人的阅读习惯。如第一条，王又朴原本说："这个孝顺的道理自有天地以来就该有的。上自天子，下至庶人，都离不了这个道理。怎么说呢？只因天地间的人没有一个不是父母生养的，就没有一个不该孝顺的。如今且莫说你们怎么孝顺父母，只把父母疼爱你们的心肠说一说，便省悟了。试想你们在怀抱的时候……"而吴本则说："者个孝顺的道理大得紧，上而天，下而地，中间的人，没有一个离了者个理的。怎么说呢？只因孝顺是一团的和气，你看天地若是不和，如何生养得许多人物出来呢？人若是不孝顺，就失了天地的和气了，如何还成个人呢？如今且把父母疼爱你们的心肠说一说。你们在怀抱的时候……"这还是差别较大的。至于第十二条，直接抄录王本原文，两本之间简直没有什么差异。吴本所附律例也不是自己的发明，是以下文将要提到的夏炘的书为蓝本的。

《圣谕广训直解》是另一种《圣谕广训》的白话讲解本，但稍带文言味。以第十二条为例，《直解》是这样开头的："万岁爷意思说，国家设下个衙门，原惩治行恶的，儆戒没良心的，叫他好改过自新，难道叫一般棍徒，倒去告善良人，害好人不成？"虽然也是白话，但到底不如上面引述过的《广训衍》同一条白得彻底。当然还是明白如话，一般老百姓完全能够听懂。《直解》的作者不知是谁，无迹可寻。直到咸丰年间，《直解》似尚未流行全国。据咸丰、同治年间任安徽布政使的何璟所言，他在京师任职时，听说江西、湖北等省刻有《直解》一书，但未曾见到。迁官安徽后，才从学政马恩溥处看到此书。而且现今所存《直解》各本未见有刻于咸丰以前的，可见《直解》的出现当远在《广训衍》之后。但后来该书逐渐流行起来，也有大量翻刻本，甚至还成为某些方言本的底本（如吴语本《直解》）。鱼返善雄以为《直解》是以《广训衍》为底本而改写的，有一定道理。

但《广训直解》与《广训衍》除了在语言方面的不同外，还有认识上的差异。前者是提倡愚孝的，因此删去了后者第一条以下这段话："且如古来的人，有卧冰的，有割股的，有埋儿的，这样的事，便难学了，也不必定要这么做，才叫做孝。"虽然《直解》并未公然提倡"卧冰""割股""埋儿"，但既然删掉这段话，就暗示这样的事可以学、应当做。与此同时，《直解》又加上了《广训衍》所无的一段话，明确主张愚孝："还有一句不通的话。他说我也要孝顺，怎奈爹娘不爱我。却不知儿子与爹娘论不得是非。爹娘就如天，天生下一根草。春来发生也由天，秋来霜杀也由天。爹娘生下的身子也由爹娘，说什么长短。古人说天下无不是的父母，如何说爹娘不爱你，你便不孝顺呢？"这样一增一减，并非没有道理，说明越到王朝末年，越要百姓愚忠愚孝。因为康熙的《圣谕》很奇怪，并没有一条专门讲到忠，却把孝放在最重要的地位，但这并不是皇帝不需要臣民的忠，而是将忠化在孝里头，孝是老百姓切身的事，忠却有点山高皇帝远的味道，所以主要提倡愚孝，这样一来愚忠也就在其中了。在王朝鼎盛时期，还允许有王又朴根据皇帝意思发挥的那样比较开明的孝道，太平天国运动发生以后，统治者更加认识到钳制兵民思想的紧迫性，《直解》的刊行恐怕是有意来代替《广训衍》的，两者的差别不只在白话程度的高低，还在于意识形态的倒退。今所见《圣谕广训衍》不见有咸丰以后的刻本（日本学者鱼返善雄所藏的嘉庆本还缺了三页，只好以《直解》来充数，以放入其所编辑的《汉文华语康熙皇帝遗训》一书之中，后来借到原文才予补入），而《圣谕广训直解》却不见有道光以前的本子，恐怕不是没有原因的。

讲解《圣谕广训》的白话著作最为流行与常见的即是上述两种，另看到有一种叫作《圣谕广训衍说》（所见本缺内封面，无序、跋，不知何时何人所刻）的，初看之下，以为是一种新品种，仔细对勘以后，发现与《圣谕广训直解》几乎雷同，只有个别字的出入。如《直解》第十二条中的几句话："自己犯了法，推卸给旁人，不是倒说是的，理曲混做直的。常妆点些呼天喊地的话儿，显他神出鬼没的手段。"在《衍说》中这段话则为："自己犯了法，推卸给旁人，不是倒说是的，理曲混做理直，常妆点些呼天抢地的话儿，显应他神出鬼没的手段。"两相对照，只有三个字的出入。不过这小小的出入，倒显出《衍说》的文字似更通顺一些。另外，《衍说》每条讲解的第一句话是"宪皇帝（即雍正皇帝）意思说"，而不是《直解》

中的"万岁爷意思说"。但除此而外，此《衍说》与上述《直解》没有什么两样，可以不当它是一种新品种。这种与《直解》本几乎雷同的《衍说》本最近又偶然得到一种，但只有前半本，是道光庚寅年（1830年）四川候补直隶州州判张鹏翂刊刻的。书前有删节过的王又朴的序，易让人误会是《圣谕广训衍》，其实不是。看来这种《衍说》本大概也曾广泛流行过。张鹏翂这个刻本在衍说十六条之前还有钦定学校规条，康熙训饬士子文，雍正谕教士子责成学臣教职文、谕老农文，嘉庆邪教说等内容。

在广为流行的《圣谕广训衍》与《圣谕广训直解》之间还有几种比较罕见的《圣谕广训》诠释本必须提及。第一种是雍正七年吕守曾所作之《圣谕广训直解》。但在叙说这部最早的《直解》时，要先说到另一部名为《圣谕广训批注》的本子。这部《批注》无序无跋，只在本文末尾有一行说明："道光元年辛巳七月顺天府府尹臣申启贤恭刊"。初不知作者是谁，也不知最早刊于何时。这个批注本的白话程度较差，但仍比文言通俗得多。它与前两种讲解本不一样，不是对十六条《广训》做整条连贯的白话解释，而是先将《广训》本文分成若干段，然后在每段后面做解释。而且另有一个特点，是在分段诠释雍正《广训》之前，先将康熙《圣谕》每一条做几句话的说明。

如对第十二条"息诬告以全善良"，《批注》说："诬是诬赖，告是告状。善良是好人，诬告不息，必定要冤赖好人。若能息了诬告，这好人定然是安生的了。"再则把《广训》自行分段，其首段的本文是："国家之立法，所以惩不善而儆无良，岂反为奸民开评告之路，而令善良受倾陷之害哉。夫人必有切肤之冤，非可以理遣情恕者，于是鸣于官以求申理。此告之所由来也。"《批注》则这样敷衍："这头一段是说告状底来历底。从来朝廷立法，原是惩治那为不善的人，儆觉那无良心底人。何尝是为那奸诈小人开个诬告底门路，倒教这些好人受他底陷害么。且说人为什么告状，必定是有了切身底冤枉，不是可以忍得过去底事，然后才告到官上，求一个公断，申明正理。此告之所以由来也。"

　　这种批注显然胆子忒小，不敢自由发挥，与雍正原话相去不远，远不如《直解》与《广训衍》明白易懂，大约正因为如此，流行程度也比上述两种要差，知道的人不多。但即使如此，这种本子也曾一度行时过。我所见的本子是很偶然在法国汉学家沙畹（Émmanuel-Édouard Chavannes）的藏书中发现的，因为大量印刷，版片已经过度磨损，字迹模糊，甚至空白者不少。回国后，我很想在国内图书馆找到这个本子，但没有结果，后来却很偶然地在上海图书馆与华东师范大学图书馆发现有题为《圣谕广训》、而实即与此本完全相同的两种刻本。由华师大所藏本知道，雍正七年有完县知县吕守曾其人，曾对《圣谕广训》做了批注，书名为《圣谕广训直解》，书后并附有吕守曾所写的跋和俚歌十余首。但该《直解》的原刻本至今未见，所见本是嘉庆五年时，盛京兵部侍郎穆克登额与奉天府府尹明志等人重刊的，并在书前书后加上一些有关文献，如顺治六谕、康熙与乾隆训饬士子文，以及重刊者自己的跋文等。上海图书馆的本子则是光绪十二年将嘉庆本再行翻刻，并编入《津河广仁堂所刻书》中，但吕跋及俚歌均删去。吕氏跋虽自称其原书名为《圣谕广训直解》，但上述这两种翻刻本皆直接以《圣谕广训》为名，未有其他标题。上述沙畹藏书中的《圣谕广训批注》，则是刊刻者顺天府府尹自己杜撰的书名，而将原著者吕守曾之名隐去。顺便说说，这个吕守曾也不是等闲人物，雍正二年进士，是皇帝很看得起的官员，在他的履历表上，雍正亲自批有如下字样："吕履恒之子，甚有出息，将来可望成人，明白有气概。"他在雍正六年被任命为完县知县，果然不负皇帝厚望，第二年就作出《直解》。刘锦藻所编的《清朝续文献通考》中的《经籍考》，只登录两本讲解《圣谕》与《圣谕广训》的书，一是《圣谕像解》，另一就是吕氏这部书，可见此书在当时的地位不低。

　　第二种是乾隆十年山西泽州府同知宋勤业的"恭绎直讲"本。此本并无自己的书名，而是以《圣谕广训》之名行世。宋氏在同知任上，为宣讲的方便，将《圣谕广训》逐句译为白话，不但在所属五县里使用，而且呈报山西省巡抚，推广到全省。一般的白话本子只译《广训》十六条而已，此本还将雍正皇帝的序也用白话直讲了出来。但此本的白话远不如《广训衍》，只是机械勉强的翻译，不能像《广训衍》那样不死抠原文字句，写成琅琅上口的真正白话。例如将第八条中"盖法律千条万绪，不过准情度理，天理人情，心所同具，心存于情理之中，身必不陷于法律之内"，译成"原为法度律令千条万绪，不过推准人情，揆度事理，那天理人情个个心里的同具，把心来存在情理的中，身体决不陷入法律的内了"。而《广训衍》这一段却是："总之，法律千条万绪，不过是准情度理，天理人情个个都是有的，人若是心肠常常存在情理之中，这个身子断乎不至陷于刑罚里边了。"两译字数几相等，但后者顺口得多了。有意思的是，《广训衍》虽然是白话，但却不避"之"字这样的文言，而宋勤业的直讲本，却把所有的"之"字，都换成了"的"，以至于有时显得很别扭。如第二条里的"果然使一姓的中，秩然有序不紊"一类句子经常出现。因此在此本颁行山西全省时，有司还说明宣讲时仍要使用当地的土语，而不是照本宣科。不过此本在方言研究方面也有可取之处，即与今天常用词颠倒的说法很多，如"织纺""易容""缺短"等，屡见不鲜。又"把"字句特别多，"把"有各种用处，如"便把拖累"，如"勤力田地，把上养父母"，如"起始把和合欢乐"之类，或许是当时山西一带的俗语？

　　第三种无正式书名，是一套书里的第三、四两册，封面分别题作《圣谕广训第一条起至第八条尾止第三本》与《圣谕广训第九条起至十六条尾止第四本》，内容是对《圣谕广训》的近乎白话的解说。该套书未见著录，其第一、二两册题名是《圣谕广训附律例成案》（详后文），为乾隆十年镇江府儒学教授赵秉义所作，故疑第三、四册亦应是同人同时之作品。此书并不是在每条《广训》之后做解说，而是将每一条分成数段进行诠释。如对第一条中的"以养以教，至于成人，复为授家室、谋生理，百计经营，心力俱瘁，父母之德，实同昊天罔极"一段，解说为："父母待子，不但有以养之，且有以教之，到了儿子长大成人时节，复为授以家室，谋其生理，千方百计，内劳其心，外竭其力，务令儿子安居乐业，方才快活，仔细思来，天地乃一大父母，父母之恩亦一天也。其德直与天同量。"比起文言来，虽然白了一点，但还不是完全口语的样子，说明流畅的白话并不好写。而且解说文字只是将原文的浓度稍微化开一点，丝毫没有加入自己的任何见解。

　　第四种是乾隆四十年初浙江巡抚三宝的解说本。此本亦无自己的书名，也以《圣谕广训》之名行世。书的开头列十六条的名目，然后说："这个十六条，是康熙皇上的说话，雍正皇上又将《圣谕》逐条解说明白，劝化你们众百姓都做个好人的。如今逐条解说与你们听。"以下正文部分每一条先对《圣谕》作注，然后将《广训》分段做白话的讲解。如第十二条"息诬告以全善良"下面有"注：这条是叫你们不要听信挑唆，谎告状子，连累好人的意思。这句是康熙皇上的话,雍正皇上又这话说个明白"。而后录《广训》"国家之立法,所以惩不善而儆无良,岂反为奸民开讦告之路,而令善良受倾陷之害哉"一段,解说道:"朝廷制这法律,原要使不善良的人晓得怕惧,岂是替你们开出告状门路,倒使良民受陷害吗?"看得出,这种解说既未将《广训》所有意思都译成白话,而且白话水平也不很高明,但应该说这样的讲解还是比《广训》原文好懂得多。由于没有敷衍铺陈,所以解说全文字数比《广训》原文仅膨胀一倍有余而已(与上述的宋勤业本差不多)。此解说本在两年后三宝升任湖广总督后又分发各府,以备宣讲之用。今所见全本则为嘉庆二十一年湖北巡抚张映汉重刊本。

第五种是乾隆四十年末,江西吉州府知府卢崧所刻的《世宗宪皇帝圣谕广训直解》。此《直解》本并未单独成书,而是作为《三朝圣训》(即顺治、康熙、雍正三代皇帝的训谕汇集)的附刻形式行世的。这部《直解》的写法比较自由,并不死抠着《广训》的原文,一字一句地译为白话,而是按《广训》的基本意思,用白话演绎出来,有多说的地方,也有略去的枝节。有些条目在演绎之前有一段话分析为何要有此条的道理。如第十二条开头先说:"这是圣祖仁皇帝惩治奸恶,保全善良的意思。天下的人,怎么叫做善良?守本分,保身家,不欠钱粮,不作罪犯,就是善良了。但奸恶的人,往往看得善良人柔弱可欺,每借端起衅,就要告状,使乖弄巧,以无为有,以是为非,或一时官府被他瞒昧,把善良之人,弄得七颠八倒,这个善良就不能保全了。如今皇上所以反复诰诫,要保全他。"以下再就《广训》本文诠释,但诠释的路数并不亦步亦趋。如《广训》此条第一句话是设问的口气,《广训衍》与流行之《直解》本也都仿其口气翻译,已见上述,而卢崧却换成平铺直叙的方式:"从来的官府,原是惩治奸刁恶人,不是容他们欺害好人的。"力度显然弱了。但整体看来,于普通老百姓的理解并无根本影响。其白话水平不及《广训衍》与流行本《直解》,也不过分铺陈,所以总字数在18 000左右。

第六种是嘉庆二十年陕西按察使继昌所作,名字也叫《圣谕广训衍说》。这部书封面总题名为《圣谕广训衍说附》,前半部分全录《圣谕广训》原文,后半部分又另有书名为《圣谕广训衍说》,而且两部分字体不同,半页行数与每行字数亦有别。前者是手写体,较美观,后者是方体字,颇呆板。前者半页8行,每行14字,后者9行,行20字。这样的差别大概是为了表示皇帝的圣训与臣下的衍说地位的不同。据继昌后跋说,他是因为担心"愚夫妇不谙(《圣谕广训》)文义高深,尚不能悉心领略",所以"以寻常谚语讲衍"的。其白话讲解路数与《圣谕广训衍》远而与《圣谕广训直解》近。如仍以第十二条为例,其开头数句是:"国家设立各处的衙门,原为惩治那作恶的人,并儆戒那没良心的人,无非叫他去改过自新,做个好人。难道听凭这班好讼棍徒,倒去混告善良人,拖累好人不成。"已比《直解》略多几字,整体白话程度也比《直解》略高,但两者基本语句相去不远。只是这书自有其特点,因为是按察使所作,与其工作性质有关,特意在每一条中都比上两书详细说明犯了此条应得什么处分,所以总字数也要多一些。

第七种也称作《圣谕广训直解》的著述是一名地位很低的人所写的。此人名叫欧阳梁,不过是嘉庆朝江西建昌府南城县监生。他这本《直解》收入《三余书屋丛书》二集中,此丛书在上海图书馆所编《中国丛书综录》中未见,算得是一种稀见书。欧阳梁在其书前有一段说明,讲述了著此书的缘起,说他自恭读嘉庆五年上谕以来,"于课读之下,敬将《圣谕广训》十六条谕旨朝夕讲求,俾童蒙诵习,日迁于善。爰是敬用方言浅语逐段笺释,冀薄海内外家喻户晓,以仰副圣天子寿考作人之至意"。这时大概还只是口头笺释阶段,到嘉庆六十寿辰时,又"将《圣谕广训》衍为《直解》",才成为该书的模样。监生在清代是很被人瞧不起的,因为他们鱼龙混杂,多半没有学问,甚至连生员头巾有的都是用钱捐来的,所以当时讽刺监生的笑话很多。但"有钱能使鬼推磨",这个欧阳梁在嘉庆五十寿辰时,就将《圣谕十六条》镌石置于江西南昌学宫,六十寿辰时更再刻石列于太学辟雍之内,这样的事非有财力办不到。所以《圣谕广训直解》也未必是欧阳梁本人所撰,说不定是请人捉刀的。

该书的白话水平尚可,但方言土语并不多,不是以纯粹的赣方言或南城本地话写成的。在每一条直解最前面,先用近200字篇幅阐释康熙的七字《圣谕》,先逐字作解,再逐词说明,再作总说,如第一条先解为:"敦,加勉意;孝,顺爹娘;弟,敬兄长;以,用心意;重,是尊重;人,世间人;伦,是伦常。"接着又说"孝弟,是奉事父兄的道理;人伦,君臣、父子、兄弟、夫妇、朋友。"进一步又解释:"敦孝弟,先勉尽父子兄弟的二伦;重人伦,是重此五伦。"而后又阐释"敦孝弟"与"重人伦"的关系:"孝弟若然能敦,人伦自然必重。若二伦既尽,自然于君臣夫妇朋友上的三伦都能尽道理的……"这近200字的文章实际是作者自己对《圣谕》的理解,而且说得很浅显,一般人都能听懂。这以后进入本文,逐段对雍正的《广训》进行白话讲解。我们仍以第十二条头一段为例,以看出其写法:"这头一段,是宪皇帝国号雍正,说从来告状的来历,你们听着。从来朝廷立的良法,都是傚戒那些不好的人,岂反为奸诈的歹人,开他诬告的门路,而叫这些善良的好人受他们倾陷的害么。若人实要来告状子的,必定有切己的冤枉,不是可以理能遣开,情能宽恕的事,所以来告到官,到官原求个公断,此告状之所由来的。"这样的《直解》比上引吕守曾的《直解》还不如,没有一句自己的话,完全是雍正原话的逐句白话化而已。

最后一种书名比较特别,叫《乡约白话》,这是作在《圣谕广训直解》之后的。其内容表面上看是在讲约的时候对《圣谕十六条》进行解说,实际上是以《圣谕广训》作为蓝本,将其用白话宣讲出来,只是书中并没有出现《圣谕广训》的本文。清代康熙以后,乡社讲约的中心内容就是《圣谕》与《圣谕广训》,所以此书干脆不以直解、衍说一类为名,而直接称为"乡约白话"。而且本书也是目前所见最为实用的宣讲材料,不像前面有些高官与儒学教授的诠释本那样,还有点文绉绉的味道,宣讲人其实并不能照本宣科,还要加上自己的解说才能让老百姓听懂。至于此本,我们且看它对第十二条的开头是如何宣讲的:

这一条皇上的意思盖天地所生的人本来尽是善良,乃我看现在时世善良的很多,而凶顽亦不少。为啥缘故?只因世风不古,样样存个私心,争长论短,大家认直不认曲,弄得有了口舌,从此意义不平,遂打起一场官私(按:原字如此)来。然而官司不是好打的,常言道:清官难断家常事,那能件件是个的当。即就汉于公为东海狱吏,东海有孝妇守节事姑,姑恐妨其嫁,自缢。姑女诬告妇逼勒其母,妇不能自辨,坐斩罪。你想于公何等明决,尚然不能替他雪冤,况有句老话:衙门堂堂开,有理无钱莫进来。一切衙役三班,那个不要钱的,只要你官司一成功,差是差,水是水,偿命是偿命,见情是见情,枝枝节节，想出许多花色来，开销你银子。就是赢了，已经费了不少。若再一输，岂非赔饭折工夫，仍旧冤屈无伸，惹人笑话，阿是更犯不着呢，何弗耐些气，倒安居乐业，过好日子便来得适意了。所以前人说，气死莫告状。即使不懂得情理的，撞凶便住，捉善便欺。我越让他，他越要欺上来，或是强占，或是盗卖，一切户婚田土，人命盗案，不得已是要经官动府，想惩一警百，亦只宜据实陈词，等有人出来排解，就要听人砍切，不可因一时之气横，不罢竖（按：疑"誓"之误）不休。俗话会打官司打半场，最是妙诀。

这简直就是在对面与你讲话扯闲谈了。不但是白话，而且掺进方言，"阿是更犯不着呢，何弗耐些气"完全是吴语土话的口吻。书前封里有"昆山顾仁甫纂"字样，书末又有一行字："候选州同顾文笏敬谨宣讲。"不知这两顾是一人是两者？但这书就是接近昆山方言的宣讲稿的实录，恐怕是没有问题的。有意思的是，此书并不是呆板地按《圣谕广训》进行宣讲，而是有点脱离原文，加上自己的意见，如云"我看现在时世善良的很多，而凶顽亦不少"这样的话就是宣讲者自己加出来的。该书刻于同治九年，刻得很差，字体不匀不美，还用了俗字，并有讹误。如"个"字就与今天的简体一样，"官司"误成"官私"，"竖"疑为"誓"之讹，大约都是同音致误。但正是这样的乡间普及之书，现在却是极其罕见的，而且嘉庆以后的《圣谕广训》诠释书我看到的也只有这一本了。此书最后还载明版片存于苏州玄妙观前某刻字店，可以任人刷印，工本费是制钱百文。

对于《圣谕广训》的白话解释我目前看到的只有这么几种，估计类似的著作不会少，只是没有保留下来，像欧阳梁的《直解》，在国内也仅见于厦门大学图书馆。起初看到该书，就曾想，既然一个小小的监生都能作直解，其他人未必不能作，后来果然在东京、在巴黎、在普林斯顿都发现有知府、巡抚、按察使的作品，因此难保今后不再续有发现。另外，道光二十三年以后相继任浙江与安徽巡抚的王植，说他"尝演《上谕通俗解》，以俗言敷衍《广训》之文（《牧令书辑要》卷六）"。看来这部《通俗解》也是《广训衍》与《直解》一类的书，只是现在已无由得见。还有一些情况不明的诠释本，也附带在此说明一下。据前引湖北荆州总兵杜森奏折中雍正的批语可知，至迟在雍正六年以前就有田文镜、韩良辅对《圣谕广训》进行批注的书出现，但现在也不可得，不知其为文言，还是白话。杜森奏折原是要求雍正将《广训》通俗化，而雍正指出已有田、韩两种批注，所以我们可以推测这两种批注也应该是白话。又雍正五年十一月，江西巡抚布兰泰曾奏进《圣谕广训音注》一书，据该抚在奏折中所介绍，该书是湖南永州府江华县知县陈峋所著，"将《广训》万言句笺字释，虽未能探圣学之渊源，亦足以启小民之愚昧"。由此看来，似也是白话讲解的著作，只是不知此书尚在天壤间否？

而且直到清末，新的诠释本还在产生。据山东惠民县知县柳堂的《宰惠纪略》（光绪二十六年自序云其时宰惠已五年），在他任上还将《圣谕衍说》与《圣谕俚歌》发给各义学作为学习材料。《圣谕衍说》是山东学政华金寿（光绪十九至二十二年在任）所颁，不知是新作还是旧刻，但《圣谕俚歌》明言新刻，是为了使"无知愚民与乡里小儿"都能习读而写的。

六、《圣谕广训》的文言诠释本及其他

《圣谕广训》是道德教育读本，讲解越浅显，语言越

大众化越好，所以白话本的出现不奇怪，倒是文言的诠释本罕见。至今只见过一种，即《圣谕广训疏义》。该书为光绪十六年（1889年）所刻，虽不分卷，但篇幅不小，分订16册，每条疏义一册，各有内封（参见书影）。该书的具体结构是每条先列《圣谕广训》全文，继而将圣谕七字先做解释，再分段疏通《广训》。《广训》的段落分得很细，有时一句就是一段。这里也以第十二条为例，略加说明。对"息诬告以全善良"七字的释义是："告者理也，以情状上告于官，使得理断也。诬，欺罔也，以无为有也。《易·系辞》曰：诬善之人，其辞游。善者，无恶之称。良者，贤良也。全者，保也、矜恤而曲护之也。上文训子弟见得家有家法，坏家法以为非者，父兄固当有以禁其子弟。此条息诬告见得国有国法，借国法以行奸者，乡党更须严息其刁风。"疏《广训》第一段"国家之立法，所以惩不善而儆无良"之义为："天下而尽善良也，法可无庸矣。惟善良者半，不善无良者亦半。有不善无良之人，善良无不受其累者。使无国法以治之，则不善者日益顽，无良者日益众，而善良之辈，日益仳离，刁蠹横行，国何以治。五刑之属三千，无非为惩不善而儆无良者立也。明国法所由立而知一于刻酷者非，一于姑息者亦非。"这一段被疏义之本文不但不成一段，甚至连一句话都够不上，只是半句而已，可见此疏义之详细与破碎。由于如此细碎，第十二条的疏义全文竟达万字之多，其他各条也大致相仿，使该书成为篇幅最大的诠释《圣谕广训》的著述。只是这种诠释是文绉绉的，老百姓肯定无法听懂，必得有人进行再解释才能真正起作用。

《圣谕广训疏义》由"两粤广仁善堂恭绎"，这个善堂的始末与为何刊此疏义，由全书后面的总跋可略知其眉目。

第十二條疏義

光緒十六年夏月鐫版

兩粵廣仁善堂恭繹

本堂總局設在廣東省城南關大巷口
本堂分局設在廣西省城西華門大街

图1 《圣谕广训疏义》第十二条疏义书影

全书总跋有两通，分别为光绪十六年广州将军继格与十五年广西巡抚沈秉成所撰。前一跋曰："粤中广仁善堂之设，盖以宣讲《圣谕》、阐扬教化为首务。初甲申（光绪十年，1883年）间粤人士念各讲生有未能阐发详明者，爰筹集赀费，延聘通儒，恭辑广疏义十六卷，阅五载而成书，迭经名人鉴定。旋以粤西壤瘠民贫，诸善未举，随往桂林设立广仁西堂，兼施痘种嗣，于庚寅六月复还，创设两粤广仁善堂，于粤东省城延讲生敬谨宣绎，虑或久而怠厥事也，为之宽筹经费，酌立定章，其疏义全书拟校勘完善，进呈刊行各直省，所以正人心厚风俗，甚盛举也。"原来《疏义》是请所谓通儒做的，怪不得咬文嚼字。还有一点必须提到的是，在每一条疏义之后也有跋语，如第十二条跋语是名叫董梦虹的人写的，该人历署临高县教谕，海阳、龙川两县训导，大约是参与鉴定的名人之一，故其跋语不能不对广仁善堂有所吹嘘："……是圣祖仁皇帝为之开其先，未始不藉广仁诸公为之宏其化也，兹编梓行不诚足副圣朝使无讼之深意乎！"广仁善堂将做善事与讲《圣谕》结合起来，看来这在晚清是一种趋势，本文最后还要列举宣讲《圣谕广训》与编写善书结合的例子，以见讲约制度之末路。

《广训》的文言诠释本目前所见仅此一种，未见有其他本子。但另有一种文言阐释本《〈圣谕〉刍言》比较特别，附带在这里介绍。此书首页正面为《圣谕十六条》，反面仅有"刍言"两字，序一又称其为"宣讲刍言"，但内容仅以文言讲解《圣谕》，并非插入因果报应一类故事的宣讲书。美国宾夕法尼亚大学梅维恒教授直称其为《圣谕刍言》，亦无不可。此书虽仅为阐释《圣谕》而写，但与前面第四节所介绍的九种诠释《圣谕》的书不同，那些书都是康熙年间所出，与《广训》没有任何关系。此书初刊于光绪十三年顷，在讲解十六条时，有时还引用《广训》的话，所以是比较特别的一种，介于释《圣谕》与释《广训》之间。由于释文使用文言，恐怕只能供士子阅读，难于作为朔望宣讲之用。如第十二条"息诬告以全善良"是这样开头的："恭按此条圣谕，皇上欲我百姓刻刻存乎天理，事事当乎天心。逆天不为，鲜有回头之噬；顺天乃作，应无反坐无虞。不惜苦口苦心之言，善良是护；若作半明半暗之事，造物难容。实事求是，君子无横祸之遭，诬告不兴里闬，少仰天之叹。小人转为君子，惧官府之难瞒；状棍化作醇儒，想儿孙之可久。举世同为善类，无负皇仁；四方共息刁风，保全善类，何其懿哉。"这种话一般百姓如何听得进去？

有意思的是，此书与《圣谕广训疏义》一样，也刻于广东，是顺德县简景熙号桂村樵者所著。据书前刊刻者霍镇之序云，简氏曾主万善堂讲席，颇疑万善堂与上述广仁善堂大约都是当时风行于广东的善堂组织（所见此本乃光绪十九年刊于禺山黄从善堂，又是一善堂），故此书宗旨与《圣谕广训疏义》并无二致，只是规模小得多了。

另外还有一点必须提及，除了诠释《圣谕广训》的书以外，还有照搬照刻《圣谕广训》全文而刊刻者自己不著一言一语者，既无任何解释说明，甚至亦无序跋阐述刊刻意图。这种刻本恐怕不在少数，只是留传下来的也不多。我在罗马意大利国家图书馆看到两种，一是"江苏学政鲍源深敬书恭刊"本，一是嘉庆乙亥年（1815年）颁行，五云楼藏版本。后一种版本似说明在嘉庆间还重新颁行过一次《圣谕广训》？

七、《圣谕广训》的汉语方言本与民族语言本

汉语方言土语异常复杂，不但南方六大方言之间以及

南方方言与官话方言之间无法通话，即使同一大方言中，不同的次方言与土语间往往也难以沟通。所以单纯用官话方言来宣讲《圣谕》是行不通的，必须使用当地方言才能使老百姓充分理解皇帝的意思，真正达到教化的目的。所以当时并不怕将《圣谕》或《圣谕广训》庸俗化，而是要想方设法，用尽量土的话来宣讲。在《圣谕广训直解》和《圣谕广训衍》的许多种翻刻本的序跋中，都提到地方官在初一、十五对老百姓讲解《圣谕广训》时，用的是"方言俗语"。因为无论《直解》还是《衍》，虽然是白话，但都是官话的白话，不是方言。照那样的本子宣读讲解是不起作用的。上文提到的王植是北方人，不能用南方话宣讲，很羡慕有的官员能熟练运用土语，而他自己则"以口音不对不能为也"，只能"令讲生以土音宣谕"。福建巡抚张伯行也有鉴于此，要求宣讲《圣谕》时，先以官话照本宣科，解释时则用方言，同时严格要求宣讲时"咋真字眼，高声从容，莫丢一句，莫混一字"。但因"闽地土音难识"，他担心宣讲的人偷工减料，官员又听不懂，所以又要求"各于讲所就近请二三贤绅衿陪坐"，以便察看讲者是否懒惰遗漏。可见方言在宣讲《圣谕》时的重要作用。

遗憾的是，汉语的许多方言是很难用文字表达出来的，用嘴巴讲讲容易，写写就难了，有音无字不易处理，所以讲解《圣谕广训》的方言稿本肯定不多，只能是讲者临时发挥。清末基督教传教士以方言译写圣经时，虽然创造不少方言字，但到底还是不能彻底解决问题，所以有用拉丁字母来表达的方法，只记音，不写汉字，这样只要认得拉丁字母，即使文盲也能读出意思来。但是清代地方官当然不会用那些洋字母来译写《圣谕广训》，倒是有可能聘请方言娴熟的地方上的知识分子来编写方言俗语的《圣谕广训》讲解稿。

例如康熙年间福建巡抚张伯行就曾连续发过两道牌檄，要求各地送来注释十六条的文字。其第一道是《饬注释圣谕十六条檄》："……我皇上宵衣旰食，无时不以化民成俗为念。曩者颁发《圣谕十六条》，荡平正直之道，实在于此……但恐百姓秉质不齐，知愚各半，若不条分句释，译以方言，势且习见勿知，习间弗察，抑不援引故事，明言祸福，将有知善弗为，知恶故犯。为此牌仰该府州官吏照牌事理，即转行各属县，将颁奉《圣谕》会同各学教官，传请淹博绅衿，援引经传律例，逐条解释，更于浅近记载中，摘取一二报应之说附录于下……自一条以至十六条，如样注释，使贤知者见之益知为百善之乐，即愚不肖闻之亦惧为恶之殃。是首先齐礼之大端也。各汇成书，誊录清真，具文呈送，毋得迟违。"张氏是河南仪封人，听不懂福建方言。因此要求属下以方言注释《圣谕》，并加上当地现实的事例，显然是有利于宣讲的效果的。但大约当时各府州没有按时缴来注释之文，所以张伯行后来又下第二道《饬催注释圣谕檄》，再加催促。可惜今天我们不但不能看到张伯行所写之《十六条衍义歌诗》，更不能看到福建当时各府州县送来的注释本，否则该是很宝贵的一批语言风俗资料了。

那么除了官话本以外，还有没有直接用汉语方言俗语写下来的讲解稿呢？还真有。复旦大学图书馆就有一种用吴语写成的《圣谕广训直解》。该书系手抄本，因为无序无跋，何时所抄，已无法判明，更不知系何人所译写。文字是纯粹的吴语白话，明显地是据《直解》白话原文翻成吴语，不是另起炉灶讲解。与官话《直解》本不同的是，文言部分的《广训》并不抄附其中，因为那些文绉绉的话老百姓也看不懂，因此而省去一万字的篇幅。这里仅抄录

第十二条的头几句话，以资与《直解》原文对照："皇帝个意思话，国家定当个衙门，本来是法办恶人个，儆戒无良心个人，叫伊拉改过自新，难道叫一等地棍来倒欺瞒唔诬告个等良善人唔去害好人吗？"这几句话《直解》的原文上面已见，相比之下，前者吴方言的味道真是浓极了，纯粹的土语方言形式当然比较容易为老百姓所接受。

这本吴方言的《圣谕广训直解》现在虽已无任何教育意义，但作为方言研究材料却是极其难得的。语言学界未必知道有此一书，特提出来以供方家利用。

笔者至今尚未发现有《圣谕广训直解》的其他方言本，但是却发现另有一种方言本叫《圣谕广训通俗》。这是将《圣谕广训》直接用浙江嘉兴方言进行讲解，但并不像上述那本吴语读本那样对《圣谕广训直解》做逐句的翻译，是自成一本著作。还是以第十二条开头几句为例，《圣谕广训通俗》是这样说的："今朝恭读第十二条《圣谕广训》。为何说息诬告以全善良呢？喏，天下顶勿好的事体，第一是诬告。一有是诬告，这种善良的人，就勿能保全了。凡为世界上个坏人，只要自家占便宜，那怕弄到别人个家破人亡，伊心里也蛮过意得去的。介拉别人个少些同伊有介点勿合头，伊就要无中生有，花花头头，造出许多犯法的事情来，多方装点，做成一张状纸，去告别人家一状。"这样的话，对嘉兴百姓而言，当然是比官话明白得多的。但这本书也并非无所本，该书的作者严大经在跋语中说，他是就《圣谕衍义》一书"用禾中土语（即嘉兴方言），委曲推衍成此一编。不尚文言，名曰通俗"。严大经所说的《圣谕衍义》很可能就是前面已经阐述过的李来章的作品。严氏是浙江富阳县学训导，《圣谕广训通俗》刊刻于光绪二十三年，正是戊戌维新的前一年。他在跋语中感慨"当此邪说流行，横议群起，先王之道不绝如缕，若非阐明圣教，化导愚顽，则茅檐蔀屋之中，皆将为异端所惑，不诚大可惧哉"。不过这本书没有起到他预想的作用，十几年后，清王朝就寿终正寝了。

清代把满语作为国语，像《圣谕广训》这种重要文献自然要有满文版。据中国科学院图书馆整理的《续修四库全书总目提要（稿本）》所言，在雍正初年就有满、汉两种《圣谕广训》的本子分别出版，各为一卷。汉文版不避乾隆皇帝弘历的名讳，满文版所用辞旨皆是清初旧语，未经乾隆朝纂修增订《清文鉴》所改者，与后来的满汉合璧新本不同（日本东城书店1998年的售书目录上就有一种满文《圣谕广训》，但只有上卷）。满汉两种文字合刻的本子后来似较单独的满文本普遍。同治年间出版的满汉文对照的《圣谕广训》至今可见，比较常见的则有光绪十六年京都隆福寺东口内路南聚珍堂的重印本。巴黎的法国国家图书馆也有一种满汉合璧本，黄缎子封面，很气派。德国国家图书馆也有两种普通的合璧本，是琉璃厂圣经堂与博古堂梓行的。

因为满族与蒙古族有特殊的联盟关系，所以满语之外，蒙语也是重要的民族语言。单独的蒙语本不知是否刻过，但据上述《提要》云，在雍正年间也刻有满蒙合璧《圣谕广训》两卷，所用满语亦与乾隆以后的新语不同。又据《雍正朝满文朱批奏折全译》载，镶白旗蒙古都统臣齐尔萨曾奏请将《圣谕广训》"译成蒙古话兼清文赏给八旗察哈尔地方总管等，不时教习其属下官兵"。因为原来发给八旗察哈尔的只是以满汉两种文字刊刻的本子，而该八旗既不识满汉文字，也不通满语，所以提出此要求。由此看来，满蒙文合刊的《圣谕广训》当比满汉文合刊要晚。笔者曾在南开大学图书馆看到一种《蒙汉合璧圣谕广训》，无序、跋，书末有"非卖品"及"蒙古文化馆印"

等字样，自然是晚到清末的印本。另外还有汉、满、蒙三种语言对照排列的《三合圣谕广训》，不知始刻于何时，刻于同治十三年的一种，含四册共248页，大开本，可与《御制翻译四书》相媲美。此书之刊刻说明清末统治者认为其祖宗的教导是超越时空的，不但从清初至清末依然可用，而且对统治民族与被统治民族也都适宜。满文本在清朝中期可能还有其实用价值，如和刻本《圣谕广训》所附（至迟是乾隆年间所下达）的公文说："各省将军提镇命令管下，府州县文官依例于每月朔日十五日集合部队，拜读《圣谕广训》四条，满兵用满字本，对于大部落应行巡回督励之责。"说明其时满族军人还懂满文。但到晚清同治年间刊刻《三合圣谕广训》，恐怕只有象征意义了。另外，由《清实录》同治元年三月丁未条，还可见到有一种《三体圣谕广训》的书，不知此书是否就是上述的《三合圣谕广训》。《实录》载："又谕孟保奏：'谨将满洲蒙古成书，添注汉字刊板进呈'等语，该副都统留心翻译所刊《三体圣谕广训》，于办理清字蒙古事件足资裨益，着准其将板片交武英殿以备刷印。孟保交部议叙。"孟保其人据《实录》云为副都统，但遍查职官表，咸同之际无一副都统取名孟保者，倒是道光年间有一驻藏大臣叫作孟保，乃汉军镶黄旗出身，不知与此一孟保是一是二。

八、《圣谕广训》的西文版与和刻本

中国的传统学者对《圣谕广训》这样的书，内心是看不起的，认为这是教导愚民遵守道德规范的教科书，并没有什么深奥的道理。但此书出于两个皇帝的手中，也不能轻视，因此只能据之对学生进行照本宣科式的讲解，并没有多少自己意见的发明。只有地方官因为负有教导民众的责任，不能不对其重视，但这种重视也仅是实用性的，不是学理性的。但对外国学者而言,《圣谕广训》却是一部重要的著作,一方面是可以借此了解中国民众的心态,一方面又可作为研究中国话的材料或学习中国话的教本,对于用中国话进行布道以及用中文撰写布道书颇有好处。所以此书很早已为西洋人所知,特别是传教士早就加以注意,并将其翻译成西文。据现在所知,自1778年至1924年,西文译本的《圣谕广训》不下十种。其中最早为乾隆四十三年(1778年)俄国人 Leontiev 的俄译本,迟至1904年则有德国人卫礼贤(Richad Wilhelm)的德文译本。

现在存世最早的欧洲语言的译本是由米怜(William Milne)于1815年末在马六甲译竣的,1817年在伦敦出版,题名为"The Sacred Edict, containing sixteen maxims of the Emperor Kang-He, amplified by his son, the Emperor Yoong-Ching; together with a paraphrase on the whole by a mandarin, Tr. from the Chinese original and illustrated with notes"(直译为《圣谕,包括康熙皇帝的十六条箴言,并由其子雍正皇帝加以诠释,还附有一位中国官员的解说,本书根据中文原文翻译并加注释》)。此书现在已不多见,但在日本东洋文库和德国哥廷根大学图书馆还可以找到。该译本有序、跋28页(序、跋有四篇,首先是英译者序,接着是雍正皇帝原序以及江宁布政使先福、广东巡抚韩崶刊本跋文的英译),本文由299页组成,不附汉字,只有英译与注释。米怜在序中自称,他是由传教同事罗伯特·马礼逊(Robert Morrison)教懂该书的,并认为此书是认识中国人的合适材料,所以将其笔译出来。其翻译底本即王又朴的《圣谕广训衍》,这由其内容可一目了然。

据云,在米怜之前,《圣谕广训》有过两个俄文译本,一是1778年(一说1788年)列昂季耶夫

（А. Л. ЛЕОНТЬЕВ，即上文拉丁字母转写的 Leontiev）所译，1819年再版；另一是1788年阿历克赛·阿加芬诺夫（А. АГАФОНОВ）翻译的，题名《圣祖圣训圣德》，1794年再版时改名为《国君——臣民之友》。这两种译本都在圣彼得堡出版，但均未曾寓目，详情不明。在俄国人之后，有法国人格拉蒙（J. de Grammont）于1799年将《圣谕广训》译成法文，登在《百科全书》杂志上。

另据说，于乾隆末年随马戛尔尼出使中国的英国人乔治·斯当东（Sir George Staunton）也在1812年将《圣谕十六条》和《广训》的头九篇翻译出来，于1822年发表，但未见之。1859年威妥玛（Thomas Francis Wade）在其《寻津录》一书中也对《圣谕广训》做了节译，翻译时参考了米怜的译本。还据说米怜之子美魏茶（William Charles Milne）1870年也在上海出版了自己的简译本，但亦未曾寓目。至1879年，在中国海关工作的外员、法国人比利（A. T. Piry）又以法语全译此书，并加上注释在上海出版，法文书名为 *La Saint Edit*。这个译本是16开的、厚达312页的煌煌巨著。左面一页为原文（只有文言文，无白话），右面一页是法译（见书影），每篇有注释，如实地记载了汉字发音与有关典故。因为这是他在北京同文馆教法语用的教材，所以译文当然是靠得住的。尤其特别的是该书卷末附有37页字汇，不但将《圣谕广训》所出现的单个汉字，共1576字的意义的出处列出，而且连其使用频度也一一计算出来。这是最早计算汉字使用频度的标本之一。

如果说比利的译本是汉学式的，那么英国人鲍康宁（F. W. Baller）的译本就是实用型的了。鲍氏是中国内地会的传教士，以各种形式的著作来帮助西洋人学习汉语，如编辑汉英辞典与汉语读本，注释《好逑传》等中国文学

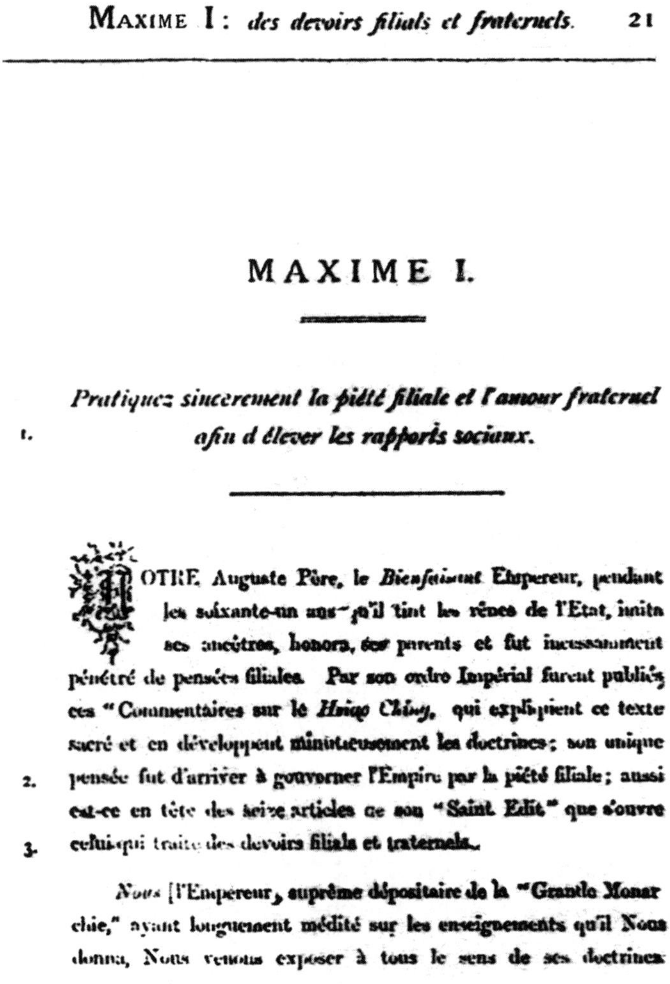

MAXIME I: *des devoirs filiaux et fraternels.* 21

MAXIME I.

1. *Pratiquez sincèrement la piété filiale et l'amour fraternel afin d'élever les rapports sociaux.*

2. NOTRE Auguste Père, le Bienfaisant Empereur, pendant les soixante-un ans qu'il tint les rênes de l'Etat, imita ses ancêtres, honora ses parents et fut incessamment pénétré de pensées filiales. Par son ordre Impérial furent publiés ces "Commentaires sur le *Hsiao Ching*, qui expliquent ce texte sacré et en développent minutieusement les doctrines; son unique pensée fut d'arriver à gouverner l'Empire par la piété filiale; aussi est-ce en tête des seize articles de son "Saint Edit" que s'ouvre

3. celui qui traite des devoirs filials et fraternels.

Nous [l'Empereur, suprême dépositaire de la "Grande Monarchie," ayant longuement médité sur les enseignements qu'il Nous donna, Nous venons exposer à tous le sens de ses doctrines.

图 2 *La Saint Edit* 书影

作品。他翻译《圣谕广训》的诠释本也是为了同一目的。他以《圣谕广训直解》的白话部分为底本进行翻译，以"The Sacred Edict, with the Translation of Colloquial Rendering"（直译是《圣谕，附有白话的翻译》）为名，于1892年由上海美华书馆出版。此书为大32开，厚216

页。由于将《直解》的白话、英译和注释揭示在同一页上，上半页是汉字原文的《直解》白话（无雍正《广训》的文言文部分），下半页是英译和注释，故极便于外国人学习中文之用。既有此优点，此书遂多次再版。鲍康宁在序中说，因为《圣谕广训》的白话译本由很多重要的惯用语和常识性故事编织起来，因此是中国话的一大宝库，由此书而学中国话，易于达到圆熟的水平。同时此书也是方言研究的材料，可以与其他地方的方言做比较。不过鲍氏到底是基督教传教士，不满足于《圣谕》的内容，批评其仅为高等思维（high thinking）和低等生活（low living）的结合，认为其缺少基督教那样的生命力。此书到1917年就出到第四版，可见有相当的需求。另外，为了初学者的方便，鲍康宁还另编了一本 *Vocabulary of the Sacred Edict*（《圣谕词汇集》），与上述译本配套行世。

除上述语种外，1880年与1883年间有勒莫尼耶（Successori Le Monnier）其人在佛罗伦萨翻译出版了《圣谕广训》的意大利文本。1903年，在澳门也出版了一种葡萄牙文的《圣谕广训》译本，取名为 *Amplificacao do Santo Docreto*，是原名的直译。书的译者是 Pedro Nolasco da Silva（1842—1912）。其实这个译本本身并不独立，是一套中文读本中的一部分。因此译本的形式与课本相似，每一节先列生字，再将《圣谕广训》的本文逐句译以葡文，再将重要字词加以批注。全书分17节，即序言与十六条各一节。每个生字先注以拉丁字母拼音，再加释义，如"铎 to, campainha, matraca"。本文如"视尔编氓诚如赤子"，则译为"Elle sinceramente considerava os seus subditos como filhos"，批注解释"编氓"的意思说："编 registato（登记），氓 vassalos, povo（百姓），isto e, o povo recenscado ou registado（也就是在籍人口）。"因为在这句话中，西洋人较难理解的就是这两个字的意思。其他各节的翻译大抵如此。

目前所知的《圣谕广训》最晚的外语全译本是德语本，取名为 *Das Heilige Edikt des Kaisers Kang Hi*（《康熙皇帝圣谕》）。此译本似乎未作为单行本出现，而是分三次连载在 1904 年出版的 *Zeitschrift fuer Missionskunde und Religionswissenschaft*（《传教研究与神学》杂志）上，此杂志办在海德堡，而译者是当时在青岛传教的德国同善会传教士卫礼贤。此人极其仰慕中国文化，有多种著述行世。在他之前，有另一位在上海的德国传教士安保罗（Paul Kranz）曾译了《广训》的第一条，也登在同一杂志 1895 年的第 10 卷第 4 期上。不同的是，后者是以官话诠释本为底本的，而卫礼贤却是以《广训》的原本翻译的（只有第十五条是以白话本为底本），为了使德语读者更好理解原著，卫礼贤在译文前写了一段很长的介绍，在译文中还加了许多注释，包括介绍中国的人物与故事，并且引用圣贤语录、法律条文以资说明。译文明白易读，而且与他的所有翻译一样，用词高明且与时代脉搏相一致。

除了正式译本以外，英国驻华公使威妥玛（Thomas Wade）也在他 1859 年编辑的汉语教材《寻津录》中对《圣谕广训》做了翻译。另一个英国人翟理斯（H. A. Giles）则在其 1923 年出版的《中国文学精萃》（*Gems of Chinese Literature*）一书中，选登《圣谕广训》第七条的英译。另外在澳门出版的西洋人所办的英文杂志《中国文库》上，也不止一次介绍了《圣谕》与《圣谕广训》。早在 1832 年 12 月出版的第 1 卷第 8 期上，就有对米怜译本的长篇评论。在 1847 年的第 16 卷上，也有对《圣谕广训衍》的详尽介绍。其中详细说到，康熙的《圣谕》有 112 字，而《广训》则有 10 010 字，并说中国人与希伯来人一样，对于经典著作都要计其字数。同时还指出中国人、希伯来人、希腊人、罗马人以及大部分古代民族虽然分居世界各地，互不接触，但却都有在阴历月的初一与十五两天举行某种宗教礼拜的共同特点。更有意思的是，这篇介绍还记载了19世纪前期，由广东巡抚韩封刻于道光十三年的《圣谕广训衍》的版式与价钱，这是不可多得的材料。该刻本的原刻至今未见，据载是四册八开本，连三篇序一道共133页，在广州的售价相当于英国货币两先令六便士，这个价钱当时在广州可以买40磅大米或者一条裤子加上一件上衣。当时还有另一种袖珍本，只有《圣谕广训》本文而无白话解释的《衍》。西洋人的这些记载及各种译本都说明他们对《圣谕》与《圣谕广训》作用的重视。

顺便说说，著名的英国汉学家理雅各（James Legge）虽然没有翻译《圣谕广训》的文本，但他却于1877年9月，在牛津大学分四次对《圣谕十六条》和《圣谕广训》进行了公开解读演讲，足见西方学者对其重视的程度。据说当时中国驻英公使郭嵩焘也应邀旁听了第四次演讲，并就演讲中个别内容与理雅各交换过意见。法国汉学家沙畹1903年也撰文讨论过明太祖六言圣谕与康熙十六条《圣谕》的关系。

中国文化在日本一向有深刻的影响，中国的典籍也一向很快就传到日本。据云，福井藩明伦馆曾以康熙《圣谕十六条》为其乡约，其他一些乡学也有引用康熙《圣谕》和吕氏乡约作为教化要领的。顺治六谕是经由琉球传到日本的，但《圣谕广训》却是早在1726年（雍正四年）就由中国商船直接带到长崎的。其时正是日本享保维新的时候，所以官方将六谕与《圣谕广训》大意都用日语翻译了过去。数十年后，长崎的商人团体又将《圣谕广训》的中文原文于天明八年（1788年，乾隆五十三年）重印，连抬头的格式都不变，当时的著名学者，大阪府怀德书院教授中井积善还为这个和刻本写了序（托德明《日本汉学思想史论考》）。由这一翻刻带头，《圣谕广训国字解》三册、《圣谕广训大意》两册也随之刊出。天明八年，《圣谕广训》的和刻本在大阪书肆上出售，据云其封里有"大清康熙皇帝上谕十六条，雍正时推衍其文共一万言，以纲常名教谕百姓兆民，其意显明，其语朴实，实万世不易之金言"这样的话。这一刻本最近在日本东京东城书店的目录上还可看到，可见当时流行之广，历200余年尚有孑遗存世。

九、诠释《圣谕》与律法及善书的合流

自康熙《圣谕》与雍正《圣谕广训》发布以来，诠释之书竞出，其中多数是紧扣条文敷衍阐释，辅以一些通俗的故事，以兹说明。但同时又出现两种倾向，一方面是与法律书相结合，另一方面是以善书的面目出现。前一种的目的很明显，是在正面教育的同时，加以警告性的告示，以使百姓明白不遵守《圣谕》就要吃苦头的道理。后一种则是将《圣谕》庸俗化，以使庶民心理上存在压力，即使违背某些《圣谕》并不触犯刑律，但却可能受因果报应之累。

与法律书同在的诠释作品如前所述，早在康熙年间已经出现，前述陈秉直的《上谕合律直解》就是其滥觞，其后在乾隆十年四月，则有《圣谕广训附律例成案》一书出现。该书为镇江府儒学教授赵秉义所编纂，在每一条《广训》之后附以有关的律例。清代从顺治二年起开始修律，直到百年以后的乾隆五年才完成《大清律例》的编纂。此后律文不再更动，而例则随时根据需要修订增补。陈秉直

的《上谕合律直解》的读律部分,并不包含条例,只提律文。赵秉义此书作于《大清律例》编定之后,所以所附律例成案十分规范,由三部分组成,除律文以外,又有条例,再加上更实际的成案。而条例又有原例、增例与钦定例之分。就如"息诬告以全善良"一条,先附:"〔律〕凡军民词讼皆须自下而上陈告,若越本管官司赴上司称诉者即实亦笞五十。"这是说明即使不诬告也不能越级上告,否则格打勿论。接着又附:"〔条例〕一凡生员越关赴京在各衙门谎捏控告或跪牌,并奏渎者,将所奏告事件不准,仍革去生员,违制律杖一百。"这一条是专门对秀才诬告的处分的。然后又附:"〔钦定例〕一文武生员除事关切己,及未分家之父兄,许其出名告理外,如代人具控作证者,令地方官申详学臣,褫革之后,始行审理曲直。"这一条更不准文武秀才替人告状作证,否则先把秀才头巾摘掉再说道理。这一部分只是说不准随便告状,下一部分则是说如果诬告了以后,法律如何对付。赵氏先列出六条律文,说明治罪之规定,继而又列三条例文,具体举出雍正、乾隆年间与诬告相关的其他罪行如何治罪之例。最后殿以一个雍正十年的实际案例,即某革职的笔帖式毛浚因违禁揭帖,造言生事,而被判斩监候之成案。因而此书对于研究违反《圣谕广训》的案例很有参考价值。据此书后面的跋文说,该书是因上级官员、江苏常镇扬通道要求宣讲时须附带讲有关律例,所以才作了这本书以备宣讲用的,看来将律法与《圣谕广训》的诠释相结合已是当时的趋势。

但此后这种附有律例的《圣谕》或《圣谕广训》的书,直到百余年后的同光之际才又再现,今天却见不到。如《圣谕十六条附律易解》一卷,是安徽婺源县教谕、前武英殿辽金元三史分校官(后为颍州府教授)夏炘所绎,这本书就是将道德说教与普及法律的作用结合起来的流行著作，可以看作陈氏《直解》的余绪。此书先由夏氏向皇帝进呈，同治七年（1867年）十一月二十三日由皇帝下令着武英殿刊刻颁行，理由是该书"尚得周官与民读法遗意，用于讲约，甚有裨益"。其后此书多次被翻刻，北京大学就藏有同治九年江苏书局本。该书将十六条先用俗语解说后，再附载简明律例，以便识字者传看，并讲给文盲知道。书前有一段话说："恭按这十六条乃康熙九年我圣祖仁皇帝颁发下来的。我大清顺治元年世祖章皇帝抚有中夏，曾于顺治九年钦颁六谕……圣祖仁皇帝衍之为十六条，及雍正二年世宗宪皇帝又颁发《圣谕广训》万言，所以教训尔军民委曲详尽无微不至，伏思世祖之六谕之旨尽在圣祖十六条之中，而世宗《广训》万言即所以发明十六条之理，故今每月既为尔等恭讲《圣谕广训》，又恐尔民愚鲁者多不谙文理，不通官话，是以先就十六条用俗语解说，后附载简明律例，使尔军民中识字之人传看诵习，并讲与不识字人知道……"

所谓俗话就是白话，该书对《圣谕》第十二条用俗话解为："恭按这十二条圣谕为保全善良起见，何谓善良，善是极和善的人，良是极循良的人，此等人最怕多事最受人欺，人见其忠厚无能或家道温饱，偶然有些子小事，便装点极大事来往衙门诬蔑告，讼师差役因缘为奸，善良无门告诉因而破家丧命者有之……"在各条白话讲解的末尾附加有《大清律例》各十条，告诉读者，违反此条该当何罪，应受何种惩治。光绪二年秋，云南道监察御史吴鸿恩又将此书加以重刊。由吴鸿恩的跋文，知道他是以夏炘的进呈本作为底本的。

与夏炘此书类似的还有《圣谕便解（附律）》，是光绪二十五年（1899年）安徽蒙城县李应珏所刻。该书先用文言解说，再附有关律令，如第十二条先讲："恭按：诬告之风由于奸胥蠹役勾串劣衿讼棍，觊觎善良之人，希图讹诈，善良之民怕受讼累，每计其赴诉之费给之，于是此风愈炽，息之之权全在地方官，倘不时接见绅士，以广其耳目，则情伪易口分，无论状期拦舆红白禀无不取阅，则诉者破费自少，呈词支离者立时掷还，小事当堂令赍投绅董调处，则两造怨仇可解……"而后有"大清律附：凡诬告人笞罪者，加所诬罪二等，诬人流徒等罪者加所诬罪三等……"云云。

还有一种更简单的《圣谕》与法律结合的书是《圣谕广训（附大清刑律图）》。此书特别处仅在于书后附有刑律图七幅，即凌迟、斩决、枭示、斩立决、绞、军流徒及杖笞七种刑罚，并未附载法律条文。图像残酷，凌迟一幅绘刽子手正在剜犯人的眼睛。这些图大约是为了让读者一目了然，不敢犯禁。书后写明是长沙陈海云绘图，版存长沙南阳街陈聚德堂刻字店，但不知是何年所刊。

诠释《圣谕》和《圣谕广训》的书籍一开始就有劝善惩恶的内容，而且至迟到乾隆年间，就有人把《圣谕》与善书置于一道。如乾隆五十四年，刘山英编《信心应验录》，收善书150种，其中《圣谕》居首，次及《太上感应篇》《清静经》，又次为文昌帝君、关帝诸训，此外诸圣真以及理学名贤训言，则随文叙列。及于晚清，则《圣谕》及《广训》的诠释书已经严重变味，衍为善书一类的作品。不过这种演变事实上也是由《圣谕广训》的内在理路所决定的。雍正在《圣谕广训序》结尾处说到"积善之家必有余庆"，这样的观点与善书的思路是相接近的。如果扯远了说，连清代奉为正统学问的理学都和劝善有牵连，《广训》对《圣谕》的解释大致是依理学的路子走的，自然要与劝善说教的书合为一流。这类合流的书所见最早为《圣谕灵征》，有八卷之多，为咸丰丙辰年翻刻。内封有墨字加印云："此书由黔省带来，经前署宝应县周捐廉合绅士等募刻。"该书前有两序，新序伪托文昌梓潼帝君作于道光二十九年，原序则伪托关圣帝君在嘉庆十年撰。全书之后有嘉庆五年护理贵州巡抚布政使常明所写的跋。

此书由几部分组成。正文由"圣谕＋广训＋广训衍＋果报"组成。如第十二条违谕恶报共三案。果报三案前有说词如下："我们康熙皇上作息诬告以安良善这一条圣谕，原是教我们普天下的人要各存天良各守本分，忍人之所不能忍，容人之所不能容，不要自暴自弃，好打官司。如有极大重事，冤曲莫伸，无可奈何，才去告官，以求伸理。又必真则说真，实则说实，切不可因己之嫌疑而捏词诬告，又不可图索人之谢金，而代为捏词诬告，更不可贪取其中之财利而教人捏词诬告。雍正皇上恐怕我们兵民人等不知这个道理，待作训一篇，把这道理详详细细申明出来，心良苦矣。后又附载律例，风唆讼诬告以及匿名告人，一切情弊皆有严训处治，也是普天下的人个个要息诬告的意思。无如有等顽梗不化之徒全不体贴皇上之意，专于颠倒是非，诬告善良，有些把没有的事装做有的，有些借一件小事，就生出绝大风波，有些移祸于人，以脱己罪，有些教唆词语，于中取利，有些为人定计，贪图重谢，有些捏造谣言，混乱官听。这一等人只想你能讲会说，善哄官长，不得犯出，因才大了胆子擅敢诬告善良，不知能逃王法，难逃阴律。圣谕六言解正说得明明白白，你若道自己乖巧，能欺官能骗人，鬼神暗中随时着你走，丝毫隐不得。此本真真实实的事，你们不信，听说几个果报……"

嘉庆年间，所谓康乾盛世已经一去不复返。社会动乱不断出现，单靠宣讲《圣谕广训》已经无法维持社会治安，不能不乞灵于因果报应，这恐怕就是《圣谕广训》与善书相结合的原因。但从常明所写的跋当中，只看出他是重刊王又朴的《广训衍》，并没有提到果报内容。到嘉庆十年时有江灵中其人加上果报内容，并伪托文昌帝君序，到道光末年，又补上关帝伪序，遂成现今模样。

此书流行数十年后，又出现了风行海内的《宣讲集要》这样的书。该书为王文选所编（据云为咸丰年间福建吴玉田所刻，待查），至迟在同治十一年以前就已行世。所见有光绪丙午（1906年）吴氏经元堂的重刻本，其前有晚清积极主张改革的名臣郭嵩焘的序："《圣谕十六条》无非为《广训》化民之道，自童试以及乡会均恭默为喻，而庸夫俗子既不能捧读皇章，复不得恭聆圣训，于是上谕颁行各省，以宣讲《圣谕》为要，示谕各地方大小官员及乡里绅耆概行遵讲，自顺治康熙以迄于今，迭奏迭颁，諴为剀切，而比邻州党仍然不能遍行者，皆以愚民不知奥理，训俗型方，无善本故也。今见是书于十六条中加以细注，征引古今事迹均以实证，所采各种歌调，虽未尽善尽美，亦恬雅俗参半，差可为宣讲推广之意，愿各处儒士绅耆，体列圣教，厚意实心力行，以此书为珍宝，则幸甚。"

该书第一至第七卷为《圣谕广训》第一条之解，这种偏重第一条的情况，历来大体相同。第八至第十三卷为其余十五条的诠释（其中第十三卷一卷就释了五条）。诠释内容是故事、唱词、俗讲，无所不备。第十四卷专讲报应。最后一卷即第十五卷则载录文昌帝君劝孝文、关夫子谕、警世歌、安家箴等。诠释之语也是大白话，如第十二条头几句释为："万岁爷意思说，国家设下一个衙门，原是处治那没良心的，儆戒那行恶的人教他改过自新，岂是因这些讼棍去害好人不成吗？就是告状定要有大冤枉，情理心忍不过去，不得已方告到官府面前求辨一个明白，所以你看讼这边一个言字，那边一个公道的公字，又看诉呈的诉字，这边一个言字，那边一个直斥其非的斥字，总是教人不要诬告的道理。"这种书，在郭嵩焘这样的人看来，自然俚俗不堪，但既是为了让百姓安分守法，也当然要予以支持。郭序中所谓"实证"，就是一个个因果报应之类的故事。此书初刻本未见到，但由日本早稻田大学《风陵文库目录》知道，此书在宣统元年又曾重刊，民国三年还以石印本面貌出现过，大概也是广为流行的书。

在此书之后，同治十一年间（1871年）某庄姓号跛仙者又继之为《宣讲拾遗》。庄序谓："近世所宣讲者有《集要》一书，就十六条之题目，各举案证以实之善足劝而恶足惩，行之数年人心大有转移之机，考其书乃潜江王文选先生所采集也，余心焉慕之，兹又于古今所传有关教化之事择取若干条仿《集要》之体，而畅达其义旨，颜之曰《拾遗》。亦恐乡党邻里间有厌《集要》之故者，为之一新其听闻焉，鄙意之所存仅此，夫何敢同《集要》之书遍传宇内哉。"此书看来有点生意眼，抓住民众喜新厌旧的心理，增添新故事，制造新卖点，因此也曾风行一时，所见为光绪癸巳年（1893年）扫叶山房版，去初刊已20来年，其间不知印了多少版次。而且直至民国二年，还有人加以五彩重印（内有插图，但五彩画实只封内一幅而已）。《宣讲拾遗》分六卷，以顺治六谕为基础，结合康熙《圣谕十六条》，用实际例子讲演，有如基督教之见证会。此书卷首与《宣讲集要》一样，还列有宣讲《圣谕》规则：鸣金击鼓排班叩首之后，由读谕生读六谕十六条，又结合读文昌帝君蕉窗十则、武圣帝君十二戒、孚佑帝君家规十则……灶王府君新谕十条，至宣讲坛规十条等。这样的宣讲已是将皇帝的教导和迷信糅合在一道了，而且将最高指示的《圣谕》庸俗化为善书的说教了。所以上述扫叶山房将《宣讲拾遗》作为善书来刊印，书前扉页还写明："乐善印送，不取板资"以及"如承乐善君子印送，只给纸料工资可也"的字样。诠释《圣谕》与《广训》的读本至此已是穷途末路了。尽管如此，民国三年还出过一种石印本的《改良图解宣讲拾遗》，甚至迟至民国二十三年，当时的北平（今北京）大成印书局还排印过《宣讲选录》十二卷，都是这位跛仙的作品。

光绪四年，又有《圣谕广训集证》这样的书出现。集证者，集因果报应之事以证《圣谕》之必须遵守也。其实该书并无"广训"内容，只就十六条《圣谕》进行集证。各条一般是先用浅近明白的话解释《圣谕》内容，再举证果报之例。也有先讲故事，再参解《圣谕》条文的。其第十二条的释语为："凡人争讼多起于一时气忿，解之则大事化小，小事化无，消祸于未成，两家均受其福。所以遇争讼之事若有人从旁解劝，委曲调停，则气亦渐平。无如刁唆之辈或极力激成或暗中挑唆或代写呈词或包揽衙门。其故有二，一则平时与其人有忿，藉以报仇，一则平时遇事兴波，从中取利。其居心之险恶已不可问，况以无为有，以曲为直，捏词诬告，硬作干证，此种行为讼师，阳诛阴谴都不能逃。今以诬告故事说与大家听听……"下文即讲四个故事，两恶两善，各有讲词。全书最后说："十六条已讲完，依此而为人，就是好人。古云愿天常生好人，愿人常行好事。称人曰好人，是人人欢喜，但必行得好事，方得为好人。务望听讲各位刻刻留意行好事，自然就是个个好人了，不胜企翘。"显然，这也是一种宣讲的本子。至光绪二十七年，仪征吴引孙刊《有福读书堂丛刻》前后编，是善书格言一类书的集合。其中前编第一种就是这本《圣谕广训集证》。

与《宣讲拾遗》同调的书后来又有《宣讲博闻录》出

现，内容大同小异。该书由调元善社刊于光绪十四年（1887年），序曰："《圣谕十六条》括典谟训诰之全，理义灿陈而情文无不曲尽，家谕而户晓之，诚化民成俗之极轨矣，然尽其鼓舞之神，必兼微求乎往事，自来宣讲劝化所以首将《圣谕》开其端，而继及于因果报应之事也。夫世情好尚大都厌故喜新，坊刻诸篇每以习见习闻而忽略，本集所辑非敢骛为新奇，第博采往事之传闻于理有不刊登情无不尽者引申其说，加以断论，一以劝善，一以惩恶，于化民成俗，未尝无小补无能云。"很明显，也是要以新取胜。此外，又有《（圣谕六训）宣讲醒世编》，所见为宣统元年春石印版。其初版至迟在1908年以前已行世，营口成文堂藏版。书前有光绪戊申（1908年）杨占春序："是书原刻板存奉天省锦州城西虹螺县镇坚善讲堂，乃该堂主管杨子侨先生编集。先生术精岐黄，尝以济人利物为念，因思行医仅济一方，莫若善书兼济天下，故手著是编，亦云尽善尽美矣。"

由上述各种引书可见，与善书结合在一起的《圣谕》与《圣谕广训》之类的书，在晚清大行其道，成为当时的流行书，也是《圣谕》与《圣谕广训》诠释作品走上末路的表征。善书入民国后还很盛行，所以《宣讲集要》与《宣讲拾遗》仍以其他形式流行下去。如民国六年出版有一种两卷本的《宣讲维新》，故事仍不脱因果类型，但形式比较特别，其中"宣"是俗曲的笔调，而"讲"则是文言的讲词。又如1924年还曾重印《宣讲选录》，上下两集12卷，几全为报应之故事，毫无价值。由上引的《风陵文库目录》还了解到宣讲一类的书远远不止这些，至少还有如下一些品种：《宣讲引证》《宣讲珠玑》《宣讲福报》《宣讲汇编》《宣讲摘要》《宣讲管窥》《新编宣讲大全》《武康宣讲稿》，真是洋洋大观。值得一提的是，《宣讲引证》是光绪元年闽省宣讲总局刻版的，而《武康宣讲稿》是民国三年浙江省武康县宣讲所排印的。使我们既可知道清末民初大到一省有宣讲总局，而小到一县有宣讲所，善书与宣讲活动的无孔不入由此可见一斑了。另外，从书目上还看到德国慕尼黑图书馆藏有《圣谕十六条宣讲集粹》，乃云泉仙馆调元善社编，光绪十四年合成斋印，无由得见其内容，甚憾。附带说说，由于宣讲《圣谕》已经与说善书合为一体，而宝卷中宣教劝化类占很大分量，其性质也与善书一样，所以宝卷与《圣谕》也有连在一起的例子。道光二十九年（1849年）江西人陈众喜著《众喜粗言宝卷》，卷首录《圣谕十六条》，贯穿以儒为主、释道为辅的三教合一思想，提出十善说："一孝爹娘、二敬尊长、三和乡邻、四睦夫妇……"与《圣谕广训》没有性质的差别。

十、《圣谕》与《圣谕广训》的普遍性及其末路

《圣谕》与《圣谕广训》成为朝廷正式的道德教材后，便无处不在。因为考试需要，所以就有《圣谕广训附空策骈骊》这样的书上市。一直到清末实行新政，在教育方面依然坚持宣讲《圣谕广训》。《钦定学堂章程》第七章第一节就规定，"每月朔由总教习传集学生在礼堂敬谨宣读《圣谕广训》"。虽然比过去的朔望宣讲少了一次，但还是保留了月月读的传统。《学务纲要》要求各学堂皆学官音，而练习官话都要"应用《圣谕广训直解》一书为准"。至于各种各样的《圣谕广训》读本更是层出不穷，有些甚至是摆噱头。如光绪三年刊印的一种读本就很特别，每条由著名大臣书写，再付剞劂。封面题签"圣谕广训读本"是吴鸿恩谨署，内封"光绪三年重镌"是李鸿藻敬书（背面有"丁丑春五月松竹斋藏板"字样），《圣谕广训序》是沈桂芬恭录；其后即每人书写一条，十六条书写者分别为：

崇绮、翁同龢、夏同善、孙诒经、朱以增、谭宗浚、刘瑞祺、孙家鼐、黄自元、梁耀枢、谭承祖、许有麟、陆润庠、曹鸿勋、王赓荣、冯文蔚，都是当朝一二品大员。书后有吴鸿恩所缮跋文："谨案雍正二年颁发《圣谕广训》，通饬直省督抚学臣转行地方文武各官暨教职衙门，晓谕军民生童人等通行讲读，生童应试复有恭默《圣谕广训》一条，列圣御极之初，屡降谕旨，剀切劝诫不得视为具文，所以维世道人心者，至深且远。我皇上缵绪大统，振兴文教，命中外实力奉行，鸿恩巡视中城时，具疏申明旧章，刊刻衍说附律，因念士为四民之首，端士习即以正民风，谨将旧存《圣谕广训》读本分请同馆前后辈缮写成编，用资诵读焉。"这种噱头还不止这一批人做过，傅增湘、张謇、徐世昌等19人也曾分头缮写《圣谕附律易解》，刊刻行世。这大约也是一时之风气。

清末，新式报刊大量涌现，不少报刊最前面都先刊登当时的上谕。有的在其前面还刊载《圣谕广训》。如《新学报》每期都刊登一条《广训》。最突出的是袁世凯任直隶总督时创办的《北洋官报》。该报是隔日刊，封面起初专门用来刊登《圣谕广训直解》，后来分为两栏，上《广训》，下目录（见书影）。由于《直解》文字较长，所以一条要分好几期才能登完。

除了日常教育外，在许多场合都可以看到《圣谕广训》的影子。不但如上所述在城乡都要聚众宣讲，即使在家族祠堂祭祖时也要宣读，而且在许多家谱里都把《圣谕十六条》放在乡规、族约、家训之前。此外更有许多宗祠家谱的堂号是以十六条的文字命名的。清代以前，宗祠家谱堂号多以郡望或先祖字号取名，或从先祖的著述、堂名、书斋名移植而来，也有用表示伦理关系的孝、友、忠、恕等字样的。《圣谕》颁布以后，无疑为堂号取字打

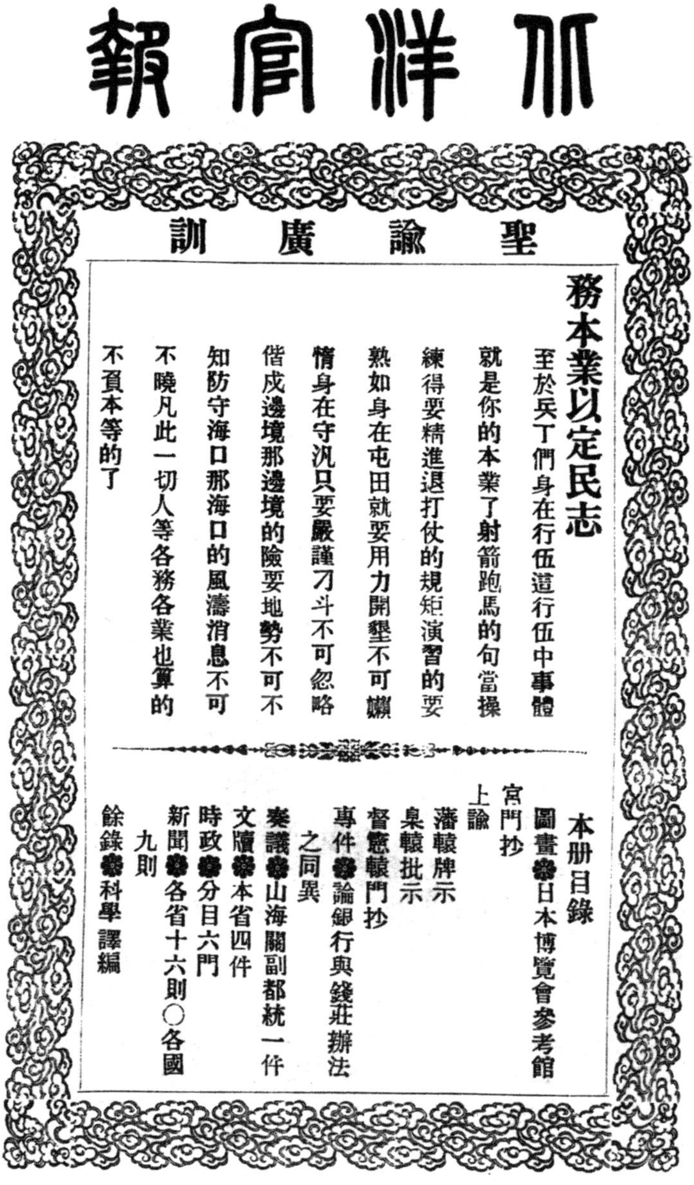

北洋官報

聖諭廣訓

務本業以定民志

至於兵丁們身在行伍道行伍中事體就是你的本業了射箭跑馬的句當操練得要精進退打仗的規矩演習的要熟如身在屯田就要用力開墾不可懶惰身在守汛只要嚴謹刀斗不可忽略偕成邊境那邊境的險要地勢不可不知防守海口那海口的風濤消息不可不曉凡此一切人等各務各業也算的不頁本等的了

本冊目錄

圖畫❋日本博覽會參考館

宮門抄

上諭

藩轅牌示

臬轅批示

督憲轅門抄

專件❋論銀行與錢莊辦法之同異

奏議❋山海關副都統一件

文牘❋本省四件

時政❋分目六門

新聞❋各省十六則○各國九則

餘錄❋科學譯編

图3 《北洋官报》书影

开一个新源头，因此在康熙以后，敦本堂、敦伦堂、敦孝堂、培本堂、植本堂、淳本堂之类遍地皆是。由于《圣谕》只有数十字，而有的字并不适合命名堂号，只有一两条最为合适，因此造成大量堂号重复雷同。有人对大量家谱做过目验，光以"敦"字开头的堂号就有20种之多，以"本"字组合的堂号则多达40种。堂号少而姓氏多，因此同一个堂号就有许多姓同时采用，如敦本堂就有60余个姓氏使用过，约占调查过的家谱姓氏的1/5。

家谱与封建道德伦理教育有密切关系，自然要奉《圣谕》于至上地位，但在许多不相干的著作中也同样存在《圣谕》的影响。这里举数例予以说明。

清末改良维新思潮兴起，有许多热心的学者产生改革汉字的念头，并设计了多种汉语拼音方案，甚至还有模仿西方速记法的《传音快字》这样的书出现。这部书是福建人蔡锡勇于1896年所著，蔡氏设计了一些符号分别表示声母与韵母，以声韵相切的方法来快速记字。该书举例说明快字的作用，正是利用《圣谕广训讲解》的第一条"敦孝弟以重人伦"讲解全文。连《传音快字》这样的专门著作也把《圣谕广训讲解》作为阐释速记的实例，可见讲解《圣谕广训》的这类书自康雍时期以来的流行程度了。而且正因为《传音快字》等书的目的是要尽量扩大传播面，以便更多的人接受，所以要选择最为人们所熟悉的字句来推广速写法，而在当时，最为大众（包括识字与否）所熟悉的套话老话，显然就是讲解《圣谕广训》内容的话，所以蔡锡勇采用了与《圣谕广训衍》实同名异的《圣谕广训讲解》作为范例。

蔡书所引《圣谕广训讲解》第一条的内容基本上是照抄《圣谕广训衍》的，只有一处略有不同，比之稍加改动并多加了几句话。在《圣谕广训衍》第一条中，有如下一段话:"这个孝顺的道理,自有天地以来,就该有的。上自天子,下至庶人,都离不了这个道理。只因天地间的人,没有一个不是父母生养的,就没有一个不该孝顺的。如今且莫说你们怎么孝顺父母,只把父母疼爱你们的心肠说一说便省悟了。试想你们在怀抱的时候……"蔡书中的《圣谕广训讲解》这段话变成这样:"这个孝顺的道理,大得紧,上而天,下而地,中间的人,没有一个离了这个理的。怎么说呢?只因孝顺是一团的和气。你看天地若是不和,如何生养得许多人物出来呢?人若是不孝顺,就失了天地的和气了。如何还成个人呢?如今且把父母疼爱你们的心肠说一说,你们在怀抱的时候……"可见这里的所谓《圣谕广训讲解》与《圣谕广训衍》并无实质区别,上面那段话的改变也许另有原因。除了蔡氏的《传音快字》外,王炳耀的《拼音字谱》中也有十六条《圣谕》的拼音示范。由此也可见《圣谕广训衍》在清代的流行程度。

《圣谕广训》甚至在游戏文章一类书里也有其踪迹。如嘉庆年间曾有《绘图解人颐》一书行世。该书原本未见,但曾见民国三年出版的增订本,知原本之序为嘉庆十七年朱履中写于福建平南官舍。民国本在该序之后列"改良绘图解人颐广集目录",署云溪胡澹庵定本,吴门钱慎斋增订,正文分上下两卷,裒游戏文章于一集。卷上第一集为懿行集,头一节竟是《圣谕广训》第一条,且"圣谕"两字抬头,显见仿嘉庆初刻。由于《圣谕》与《圣谕广训》的无所不在,因此还有种种副产品,如甚至还有《圣谕十六条印谱》这样的书存在,这是光绪十九年时前直隶津海关道孙士达命其子思敬,将每条圣谕篆刻成章而编成的印谱。

《圣谕广训》因为是皇帝的金口玉言,人人必须遵守。于是有时就被作为对敌斗争的武器使用。据说道光十九年，林则徐到广东禁烟时，就"曾奉御旨出告示晓谕广东读书人可将《圣谕分解》一书宣明逐邪教一层俾得人趋大道，正教日崇（《镜海丛报》1895年10月23日《译报附言》）"。《圣谕》的第七条是"黜异端以崇正学"，《圣谕广训》将"异端"释为基督教及其他邪教。尤其对于基督教有这样的说明："西洋教崇天主，亦属不经，因其人通晓历数，故国家用之，尔等不可不知也。"其实康熙颁布十六条时，天主教士在中国还受到相当程度的礼遇，基督教并未被定性为邪教，但康熙末年礼仪之争出现，基督教被禁，因此在雍正的《广训》中，基督教自然算是邪教之一种。林则徐显然是利用《圣谕广训》的第七条来发出告示的。上述引文中所说的《圣谕分解》未见，不知是诠释《圣谕》还是《圣谕广训》的本子。1894年时广东学政曾向新秀才颁发此书的新刊本，被一位德国传教士发现，遂由德国领事致信两广总督，指出该书妨碍传教。于是粤督不得不移文表示今后不准再派是书，并嘱已得该书的生员说明所谓邪教并非指西教。当时中国国势已弱，基督教的传教已经合法，故不得不忍气吞声至此。本来如《圣谕分解》这样的书早已不见，适当时四川教案发生，又将旧本重印散发，所以出现这样的事。清末的反教宣传品远不止上述例子，还有如《谨遵圣谕辟邪全图》这样的东西，是湖南一个官员周汉出版的、由32幅图组成的图集，完全是对基督教进行攻击的内容，内容本身与康熙《圣谕》没有什么关系，但图集取名却由之而来，恐怕也是以上述第七条为据的。

　　《圣谕广训》的影响甚至及于在华的外国人的小区，真是出人意料之外。例如在英国租借地的威海卫，其英国首席长官就经常撷取《圣谕广训直解》的话来审理民事与刑事案子。尽管当地的基督教传教士向他指出，应该利用

《圣经》来判案,因为《圣经》是更合适的依据。但该官员依然我行我素,丝毫不为所动。

宣讲《圣谕》不但是在国内进行,在国外的华侨也有仿行者。余思诒在其《航海琐记》中说他在光绪八年曾"陈请于华民聚集地方宣讲《圣谕》",而待光绪十二年他到新加坡时却发现,该处的福建华侨其实早在光绪六年间就由厦门人陈金钟首创宣讲了,而且受到清朝驻新加坡领事左秉隆的大力支持。

不过宣讲《圣谕广训》虽然是官员应有的职责,但至迟从嘉庆时期起,就渐成具文了。嘉庆五年五月有内阁给事中甘立猷奏请于京师地方照例宣讲《圣谕广训》,可见其时连首善之区宣讲一事也松弛,其他地方可想而知。何况在前一年嘉庆还曾下旨令各省有司每逢朔望谨将《圣谕广训》剀切宣示,俾小民知所领悟。而过了一年还有甘某此奏,足见《圣谕广训》在官员中的实际地位了。其实再好的话,天天讲日日读,随便什么人也都会生厌的。成为具文的情况真正追究起来要早到雍正时,而不是嘉庆才出现的现象,而且对《十六条》本身就已经厌倦,并非只对《广训》生厌。雍正《六安州志》卷十《风俗》说:"《圣谕十六条》向虽遵奉宣讲,然作辍无常,亦竟视为具文矣。"而且即使官员克尽厥职,朔望宣讲不误,但吏治败坏不堪,这样的宣讲又能起到什么样的作用呢?曾国藩在同治八年十一月十六日给倭仁的一封信中就表现了这样的忧思:"至宣讲《圣谕》,本地方官应行之旧章。然使官吏奉职无状,民之困愈深,虽日事宣讲,百姓方恶其政,谁复肯听其言?"所以地方官为了完成宣讲任务,吸引老百姓听讲不得不花心思,如将善恶果报故事绘成彩色图画以吸引听众,甚至备坐凳茶水以广招徕。《得一录》里就收载了《宣讲乡约聚人之法》《乡约会讲变通法》这样的文字。西洋人也注意到了这个现象,曾任京师大学堂总教习的美国传教士丁韪良(W. A. P. Martin)在其 *A Cycle of Cathay*(《花甲忆记》)一书的第三版(纽约,1900年)说:"本来每半个月要宣讲一次《广训》,现在这种仪式已经将近消失,很少宣讲了,因而不再受到人们注意。"

尽管如此,但宣讲《圣谕》的活动在清末民初似乎一刻也没有停止过,尤其在两湖与四川,这种活动更见其盛,但是已经变味为一种娱乐活动了。郭沫若在《少年时代》中就回忆道:"我们乡下每每有讲《圣谕》的先生来讲些忠孝节义的善书……讲《圣谕》的先生到了宣讲的时候了,朝衣朝冠的向着圣谕牌磕四个响头,再立着拖长声音念出十条(按:似应是十六条)圣谕,然后再登上座位说起书来……这种很单纯的说书在乡下人是很喜欢听的一种娱乐。"据说,直到新中国成立前,在四川请一台讲唱《圣谕》的跟请一班唱戏的一样,都是还愿酬神的常见手段。听宣讲的则多是妇孺童叟,与听戏多是青壮年不一样。

十一、清代宣讲《圣谕》制度溯源

清一代讲解《圣谕》制度的形成以及演变已如上所述。但一切制度都有其渊源,并非突然出现,如果追源溯本,我们会发现清代定期宣讲《圣谕》的制度是从明代继承来的,而且是两个源头的结合。一个源头是始于宋朝而由明朝继承的乡约制度,另一个源头则是明太祖朱元璋的六言圣谕。当然还可往前追溯,但直接的源头是这两个。

乡约制度的创立最早可以推到宋代蓝田吕氏,这一制度的实质是由公推的约正、约副等人,定期(叫约期)向乡民讲解劝善惩恶的道理。对于乡约制度的形成,许多学者已有专文讨论,此处不赘。清代宣讲《圣谕》的制度在形式上和定期性这两方面直接取之于明代的乡约制度。从明人文集中可以明显看出，乡约制度在明代的实行相当普遍。不少著名学者都写过与乡约有关的文字，许多官员则把实行乡约制度看成治理百姓的有效措施。明代乡约所讲内容当然以朱元璋六言圣谕为首，这六言是："孝顺父母，尊敬长上，和睦乡里，教训子孙，各安生理，毋作非为。"（见张卤《皇明制书》卷九《教民榜文》）康熙皇帝是很推崇明太祖的，他在明孝陵前立了"治隆唐宋"的碑，说明他对朱元璋的崇敬，所以《圣谕十六条》不能不说是受朱元璋的启发而写的。至于朱元璋的六谕，据说又是抄自朱熹在福建漳州当官时向老百姓宣传的箴言（张哲郎，*Local Control in the Early Ming*），此处不赘。

进一步，我们举明代讲乡约的一个场面，以看出上述清代宣讲康熙《圣谕》形式的来源。嘉靖癸丑进士罗汝芳在其所著《近溪罗先生乡约全书》中，载有嘉靖四十二年三月经抚按两院批准《宁国府乡约训语》，其中说："……一、木铎老人每月六次于申明等亭宣读圣谕，城中各门、乡下各村，俱择宽广寺观为约所，设立圣谕牌案，令老人振铎宣读以经警众听。如半年以后果有遵行圣谕，为众所钦仰者，每约各举一二人以凭旌赏。一年后约中犹有违约作非者，公举之以凭惩戒……一、同约父子兄弟各须仰体圣谕，敦孝友、务和睦，士农工商各勤职业，旧染污俗，咸共维新……一、遇约期巳刻，约众升堂，俱端肃立班，侯齐集赞者唱排班，班齐复唱宣圣谕（木铎从傍振铎，高声云皇帝圣谕孝顺父母六句毕），鞠躬，拜、兴、拜、兴、拜、兴、拜、兴、拜、叩头、兴、平身，分班鞠躬，拜、兴、拜、兴，平身（如常会只唱揖、平身），设坐（各置坐具），各就坐（坐定）。歌生进班（歌生依次序立于堂中），揖、平身，分班（歌生分立两行）。设讲案（具案于中），鸣讲鼓（击鼓五声），初进讲（讲者出班就讲位）。皆兴、揖、平身（讲孝顺父母、尊敬长上二条演毕）。揖、平身（讲者退就班）皆坐声歌（歌生司鼓磬者各击三声，班首唱诗歌南山之首章。歌毕复击鼓磬各三声）。进茶（具进茶毕）。再进讲（讲者出班就讲位）。皆兴、揖、平身（讲和睦乡里教训子孙二条演毕）。揖、平身（讲者退就班）。皆坐声歌（击鼓如前。前班首唱诗歌南山之二章毕。唱诗歌南山之三章毕。击鼓磬如前）。进茶（具进茶毕）。三进讲（讲者出班就讲位）。皆兴、揖、平身（讲各安生理毋作非为二条演毕）。揖、平身（讲者退就班）。皆坐声歌（击鼓磬如前。班首唱诗歌南山之五章毕。击鼓磬如前）。进茶（具进茶毕）。皆兴、揖、平身，礼毕（在约诸人仍以次揖谢，有司及诸乡宦倘各约有斗争犯约者，实时具白解和，各相揖让，不许置酒食，如无事解和即散）。"

请看清代宣讲《圣谕》的形式，与此不正是有同工异曲之妙吗？不但在宣讲仪式上是清承明制，而且在诠释圣谕方面，明人也是清人的榜样。明代也有专门阐释圣谕六言的著述，如在正德年间或其先后，就有一部重刻的《圣训演》行世。这部书今已不存，但从马理（正德甲戌进士）所写的《圣训演序》，我们知道这本书有三卷，90余页，先是西安郡斋刊行，后又由泾阳知县李引之重刊。书中有巡抚王恕之注，有司寇许瓒之赞，又由御史唐锜附以古今嘉言善行，所以取名为"演"。所谓"演"其实就是诠释。这是专门著作，内容较丰富。这样的著述并非仅此一部，万历年间郭子章也编过，据其《圣谕乡约录序》说："万历丁亥豫章都御史魏公上封事，其一曰：……明德义无如行乡约，讲习高皇帝圣谕六事……上复下其议各省直，令督学官勤率郡县有司，着图说编俚词，俾闾巷士民易遵循。子章承乏三川，思亡以称上意指，乃首刻圣谕六条，次三原王尚书注（此注当就是上述《圣训演》王恕之注，大约在当时很流行），先师胡庐册先生疏，并律条劝诫为一卷，次朱文公增定蓝田吕氏乡约为一卷，敬书今上谕、魏沈二公疏冠于篇首，题曰圣谕乡约录。"

当然也有较简单的解释本，如在上述《近溪罗先生乡约全书》中，对于朱元璋圣谕第一条孝顺父母"演曰：人生世间，谁不由于父母，亦谁不晓得孝顺父母。孟子曰，孩提之童，无不知爱其亲者。是说人初生之时，百事不知，而个个会争着父母抱养，顷刻也离不得，盖由此身原系父母一体分下，形虽有二，气血只是一个，喘息呼吸无不相通。况父母未曾有子，求天告地，日夜惶惶，一遇有孕，父亲百般护持，母爱万般辛苦，十月将临，身如山重，分胎之际，死隔一尘，得一子在怀，便如获个至宝，稍有疾病，心肠如割。见儿能言能走，便喜欢不胜，人子受亲之恩，真是罔极无比，故曰父即是天，母即是地。人若不知孝顺，即是逆了天地，绝了根本。岂有人逆了天地，树绝了根本而能复生者哉……"这里所录只是罗氏所"演"——即阐释——的一半，这一条共演为411字。当然还有分量更轻的，如郑明选写有《圣谕碑粗解六条》，就很简单。对第一条的解释是："今人莫不自爱其身，然此身从何长大？皆是父母万般辛苦中鞠养得来，若无父母便无此身，如何不孝顺？夫所谓孝顺者，不止服劳奉养之事，最要学做好人，保全父母所生之身。一不学好，被傍人一言笑骂，被官府一杖刑责，辱及此身，便为不孝，不消打爷骂娘，不肯供养，才为不孝。凡我百姓，但思想身所来，则孝心自生矣。"

即使清代《圣谕像解》这样的书在明代也有源头。西安碑林中就有一幅《圣谕图解》，为万历十五年所刻，内容是以图文并茂的方式将朱元璋六谕表现出来。图有六幅，文则六节，为的是让老百姓能一目了然。作者是当时任陕西等处茶马监察御史的钟化民。

进而言之，就在明代，演绎圣谕也与劝善儆律的教育紧密相连。如据方扬所著《乡约示》云："照得乡约之设原以劝善惩恶助守为理，责至厚也……除朔望赍善恶文簿，赴州投见外，每月初二、十六查集乡民讲明圣谕，杂以为善阴骘、为恶阴报等言，令其通晓，仍申以孝弟之义，儆以律例之条，利害并陈，祸福具列，即乡鄙小民，目不知书，口不道旧，亦将闻言醒心，赤面汗背，善者固能自信，恶者变必自新。是约正副之责塞，而助守为理之效行也。"可见清代诠释《圣谕》的著作与法律与善书相结合乃是渊源有自，并非独创精神的产物。黑格尔言中国无历史，虽以欧洲中心主义视中国，然亦非全无道理也。

十二、结语

我在《假如齐国统一天下》一文中曾说，秦文化有三个主要特征，即中央集权、重农抑商与文化专制。又说，秦虽二世而亡，但秦文化贯穿了中国2 000年的封建社会。秦的文化专制表现在严密控制老百姓的思想，所以有焚书坑儒的举动。后世的统治者效法秦制，一样钳制人民的思想自由。但控制的程度历代有所不同，总的趋势是越来越严密。两汉时候，行政上的中央集权基本上只到县一级，县以下有自治的空间，乡间教化主要靠三老执行，直到宋代吕氏提倡乡约，遂建成守望相助、礼俗相交的契约性基层教化组织。在这一历史过程中，平民百姓的思想自由尚有一定空间。但到明代，这种情况发生变化，明太祖的六谕成为讲乡约的重点，思想控制向基层不断延伸。至明后期，乡约内容都以明太祖圣谕为先。也有的乡约所讲虽以此圣谕为主要内涵，但约中并未正式提及，如王阳明著名的《南赣乡约》就是如此。到了清代，思想控制又有进一步发展，讲约已不止是老百姓自我教育的行为，而且也是官吏的政治行为，而自康熙《圣谕》与雍正《圣谕广训》相继发布以后，其内容与对其所作的诠释，基本上就成为讲约中最主要的思想资源。当然与之相应，在行政上，中央集权制也往下延伸为保甲制，自治的空间已经近乎消失。

康熙《圣谕》与雍正《广训》实际上就是一种行为与思想的规范化戒律，任何人的一言一行都要中规中矩，不得乱说乱动。这种思想控制并没有随时代的前进而放松，直到晚清西力东渐以后，每月朔望宣讲《圣谕广训》的活动依然照行不误。虽然十六条《圣谕》的内容在封建社会中有其合理性，尤其是对于治理国家、稳定社会起着一定的作用，但在另一方面，却窒息了自由活泼的思想，使得全国只有一种声音，没有对立意见。思想的窒息等于社会活力的丧失，一切新鲜事物的接受都要受到阻碍，这就是中国近代以来始终落后的根源之一。康熙《圣谕》并非清代偶然的产物，而是前此历代最高统治者教育控制子民的典训诰谟的直接继承物，这些典训诰谟对中国社会所产生的影响，历来不大引起注意，本文主要是罗列种种与康熙《圣谕》有关的文化现象，目的是给治文化史与思想史的学者提供一些素材，至于深入的剖析恐怕还待时贤。

（1998年6月一稿，1999年5月五稿，而后于同年10月发表于《学术集林》第16卷；其后又于2006年6月修改，之后每年均有增补，2006年3月作为《圣谕广训——集解与研究》一书的前言，同年8月再增补，2015年2月改定稿。）

作者简介

周振鹤,1941年生,历史学家,复旦大学特聘资深教授、博士生导师,社会兼职有全国古籍整理出版规划领导小组成员、上海文史研究馆馆员等。主要研究领域为历史地理、文化地理、地方制度史,并旁及文化语言学、语言接触史的研究。

已出版研究专著《西汉政区地理》《体国经野之道》《中国地方行政制度史》等,合著《方言与中国文化》,编著《上海历史地图集》,并有论文集《周振鹤自选集》《学腊一十九》《长水声闻》,发表学术论文100余篇。

著述年表

专著

[1] 《方言与中国文化》（与游汝杰合著），上海：上海人民出版社1986年版；繁体版，台北：南天书局1988年版；修订版，上海：上海人民出版社2008年版；修订第2版，上海：上海人民出版社2015年版；日文版，东京：光生馆2015年版。

[2] 《西汉政区地理》，北京：人民出版社1987年版。

[3] 《体国经野之道》，香港：中华书局1990年版；简体版，上海：上海书店出版社2009年版。

[4] 《中国历代行政区划的变迁》，北京：商务印书馆1998年版。

[5] 《中华文化通志·地方行政制度志》，上海：上海人民出版社1995年版。

[6] （更名）《中国地方行政制度史》，上海：上海人民出版社2005年版。

[7] 《中国地方行政制度史》，上海：上海人民出版社2014年修订版。

[8] 《中国行政区划通史·总论》，上海：复旦大学出版社2009年版。

[9] 《中国历史政治地理十六讲》，北京：中华书局2013年版。

论文集

[1] 《周振鹤自选集》，桂林：广西师范大学出版社1999年版。

［2］《逸言殊语》，杭州：浙江摄影出版社1998年版；增订版，上海：上海人民出版社2008年版。

［3］《学腊一十九》，济南：山东教育出版社1999年版。

［4］《长水声闻》，上海：复旦大学出版社2010年版。

［5］《耦耕集》（与游汝杰合著），桂林：广西师范大学出版社2014年版。

学术随笔集

［1］《随无涯之旅》，北京：生活·读书·新知三联书店1997年版。

［2］《中人白话》，上海：华东师范大学出版社2001年版。

［3］《智术无涯》（与张隆溪、葛兆光合著），天津：百花文艺出版社2002年版。

［4］《知者不言》，北京：生活·读书·新知三联书店2008年版。

［5］《余事若觉》，北京：中华书局2012年版。

整理校点注释影印

［1］《王士性地理书三种》，上海：上海古籍出版社1993年版。

［2］《五岳游草·广志绎》，北京：中华书局2006年版。

［3］《汉书地理志汇释》，合肥：安徽教育出版社2006年版。

［4］《运书日记》，北京：中华书局2013年版。

［5］影印《国故论衡》先校本，北京：商务印书馆2015年版。

主编撰集

［1］《中国历史文化区域研究》上海：复旦大学出版社1997年版。

［2］《上海历史地图集》，上海：上海人民出版社1999年版。

［3］《圣谕广训——集解与研究》，上海：上海书店出版社2006年版。

［4］《晚清营业书目》，上海：上海书店出版社2005年版。

［5］《中国行政区划通史》（13卷），上海：复旦大学出版社2007—2016年版。

丛书及会议文集主编

［1］《明清之际西方传教士汉籍丛刊》（第一辑，全六册），南京：凤凰出版社2013年版。

［2］"来华基督教传教士传记丛书"，桂林：广西师范大学出版社2004年起。

［3］"晚清驻华外交官传记丛书"，桂林：广西师范大学出版社2008年起。

［4］"晚清稀见中外关系史料丛书"，桂林：广西师范大学出版社2013年起。

［5］《跨越空间的文化》，上海：东方出版中心2010年版。

图书在版编目(CIP)数据

长治与久安/周振鹤著.—上海：复旦大学出版社，2020.8
(人文书系/陈平原主编)
ISBN 978-7-309-14943-2

Ⅰ.①长… Ⅱ.①周… Ⅲ.①政治制度-中国-古代-文集 Ⅳ.①D691.2-53

中国版本图书馆 CIP 数据核字(2020)第 048291 号

本书中文简体字版本由三联书店(香港)有限公司授权复旦大学出版社在中国内地独家出版、发行。

上海市版权局著作权合同登记号　图字 09-2020-567

长治与久安
周振鹤　著
出　品　人/严　峰
责任编辑/赵楚月

复旦大学出版社有限公司出版发行
上海市国权路 579 号　邮编：200433
网址：fupnet@fudanpress.com　　http://www.fudanpress.com
门市零售：86-21-65102580　　团体订购：86-21-65104505
外埠邮购：86-21-65642846　　出版部电话：86-21-65642845
上海四维数字图文有限公司

开本 890×1240　1/32　印张 5.625　字数 133 千
2020 年 8 月第 1 版第 1 次印刷

ISBN 978-7-309-14943-2/D·1025
定价：38.00 元

如有印装质量问题，请向复旦大学出版社有限公司出版部调换。
版权所有　　侵权必究